ERP 会计信息化——
购销存核算系统综合实训

主　审　曾红卫

主　编　胡雯丽　陈　明　曾江珊

副主编　郑燕珊

参　编　陈静波　邬可君　郭素娜

北京理工大学出版社
BEIJING INSTITUTE OF TECHNOLOGY PRESS

内 容 简 介

本书是《ERP会计信息化——购销存核算系统综合实训》的配套综合实训练习册，包括三套综合实训练习题，分别是"基础能力实训篇""应用能力实训篇""拓展提升能力篇"。三套综合实训分别模拟三个不同的制造业企业的经济业务，训练学生购销存核算系统的全盘账务处理能力。其中"基础能力实训篇"和"应用能力实训篇"的综合实训遵循的是《小企业会计准则（2013）》，"拓展提升能力篇"的综合实训遵循的是《企业会计准则（2006）》。三套综合实训练习均依据我国全面"营改增"后的相关税法设计经济业务，难易度分别可以适合不同学习能力（层次）学生的实训需求。本书既可以作为ERP会计信息化课程的配套练习，也可以作为会计电算化专业的综合实训课程使用。

本书提供账套文件等参考答案学习资源，可供学习者引入，详见 http://www.bitpress.com.cn。

图书在版编目（CIP）数据

ERP会计信息化：购销存核算系统综合实训/胡雯丽，陈明，曾江珊主编．—北京：北京理工大学出版社，2018.7
ISBN 978-7-5682-5880-7

Ⅰ.①E… Ⅱ.①胡… ②陈… ③曾… Ⅲ.①财务软件—教材 Ⅳ.①F275.2-39

中国版本图书馆CIP数据核字（2018）第156580号

出版发行 /	北京理工大学出版社有限责任公司
社　　址 /	北京市海淀区中关村南大街5号
邮　　编 /	100081
电　　话 /	（010）68914775（总编室）
	（010）82562903（教材售后服务热线）
	（010）68948351（其他图书服务热线）
网　　址 /	http://www.bitpress.com.cn
经　　销 /	全国各地新华书店
印　　刷 /	保定华泰印刷有限公司
开　　本 /	787毫米×1092毫米　1/16
印　　张 /	6
字　　数 /	110千字
版　　次 /	2018年7月第1版　2018年7月第1次印刷
定　　价 /	16.00元

责任编辑 / 王玲玲
文案编辑 / 王玲玲
责任校对 / 周瑞红
责任印制 / 边心超

图书出现印装质量问题，请拨打售后服务热线，本社负责调换

前言
PREFACE

  ERP会计信息化是中职会计电算化专业初级会计电算化课程的后续专业技能课程，相对于初级会计电算化而言，其有一定的深度和难度。该课程主要学习ERP供应链管理系统及其对应日常业务的账务处理流程，包括采购管理系统、销售管理系统、库存管理系统和核算管理系统等。从历届毕业学生就业所反馈的信息来看，学生学习该课程的成效不同，可以直接影响其就业岗位群的不同。例如，学生如果能够熟练操作ERP供应链管理系统，在企业不仅能够从事会计电算化岗位的工作，还可以从事企业ERP物流管理岗位等工作。

  在多年的教学实践中我们发现，该课程学生学习的进度及效果存在普遍的差异。学习能力强（兴趣强）的学生，能够很快且优质地完成学习任务；而学习能力一般（兴趣一般）的学生，基本能够完成一般的学习任务；学习能力较差（兴趣低）的学生，基本完成不了学习任务。有鉴于此，在编写完教材《ERP会计信息化——购销存核算系统综合实训》后，我们组织有着该课程实践教学经验的一线老师编写了这本具有分层学习特色的配套综合实训练习。其中"基础能力实训篇"遵循的是《小企业会计准则（2013）》，主要训练学生建账初始化的操作，以及小企业"购销存"日常经济业务的账务处理，其难度低于教材案例；"应用能力实训篇"遵循的是《小企业会计准则（2013）》，主要训练学生系统初始化的操作，以及小企业"购销存"日常经济业务的账务处理，其难度等同于教材案例；"拓展提升能力篇"遵循的是《企业会计准则（2006）》，按照"购销存核算"业务涉及的岗位流程分岗实训，其难度高于教材案例。三套综合实训均设置了"操作流程指导"及每笔业务的"会计分录答案"，利于学生自主学习。

本书由珠海市第一中等职业学校胡雯丽、陈明、曾江珊担任主编，珠海市第一中等职业学校郑燕珊担任副主编，参与本书编写的还有珠海市第一中等职业学校陈静波、邬可君、郭素娜，珠海市第一中等职业学校曾红卫老师对本书进行了审核。

由于时间仓促，书中疏漏之处难免，还请读者批评指正。

编　者

目 录
CONTENTS

综合实训 1——基础能力实训篇 ………………………………………………………………… 1

综合实训 2——应用能力实训篇 ………………………………………………………………… 23

综合实训 3——拓展提升能力篇 ………………………………………………………………… 53

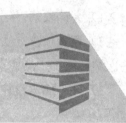

综合实训 1——基础能力实训篇

一、企业基本情况（见表1-1）

表1-1 企业基本情况

企业名称	海珠市青枫有限公司（简称：青枫公司）
法人代表	曾倩
会计主管	林邵峰
住址、邮编	海珠市民丰区香莲路33号　519001
电话	2254321
纳税人识别号	440120123456789
开户银行	建行香洲支行
账号	76543210
主营业务	生产销售甲产品

二、青枫公司采用的会计政策和核算方法

（1）会计政策：《小企业会计准则（2013）》。

（2）存货核算方法：存货采用实际成本核算，发出材料采用移动加权平均法，发出库存商品采用月末一次加权平均法计价，月末一次结转完工产品成本。

（3）产品成本核算方法：产品成本按品种法核算。该企业有一个基本生产车间，生产甲产品。本月生产产品全部完工，无月末在产品。

（4）税金核算：企业经海珠市国家税务局认定为一般纳税人，销售货物增值税税率17%。

（5）单位成本计算保留两位小数，分配率计算保留四位小数，售价均为不含税价。

三、账套信息

（一）建立账套

1. 账套基本信息

　　账套号：123

　　账套名称：海珠市青枫有限公司

　　启用会计期间：2017年3月

2. 单位信息

　　单位名称：海珠市青枫有限公司

　　单位简称：青枫公司

　　单位地址：海珠市民丰区香莲路33号

　　法人代表：曾倩

3. 核算类型

    企业类型：工业

    行业性质：《小企业会计准则（2013）》

    账套主管：林邵峰

    是否按行业预置科目：是

4. 基础信息

    存货是否分类：是

    客户是否分类：否

    供应商是否分类：否

    有无外币核算：无

5. 分类编码方案

    科目编码级次：42222

    部门编码级次：12

    存货分类编码级次：122

    其他：默认

6. 数据精度定义

    存货数量小数位：4

    换算率小数位：4

    其他小数位：2

7. 启用模块

    总账系统、采购管理系统、销售管理系统、库存管理系统、核算管理系统。

（二）设置操作员及权限（见表1-2）

表1-2　操作员及权限

操作员编号	操作员姓名	岗位	职责权限
LSF	林邵峰	会计主管	账套主管
LJ	李菁	会计员	公用目录设置、工资管理、固定资产、应收管理、应付管理、采购管理、销售管理、库存管理、总账中除"审核凭证"和"出纳签字"外的所有权限、现金管理、往来、项目管理、核算
CF	陈凡	出纳	总账中的出纳签字、现金管理

四、初始设置

（一）部门档案（见表1-3）

表1-3　部门档案

部门编码	部门名称
1	行政部
2	财务部
3	采购部
4	仓管部
5	生产车间
6	销售部

（二）职员档案（见表1-4）

表1-4 职员档案

职员编号	职员名称	所属部门
201	林邵峰	财务部
202	李菁	财务部
203	陈凡	财务部

（三）客户档案（见表1-5）

表1-5 客户档案

编号	客户名称	简称	税务登记号	开户银行	开户账号
101	广东省宜家有限公司	宜家公司	4401001237654	工行宁静支行	6698377

（四）供应商档案（见表1-6）

表1-6 供应商档案

编号	供应商名称	简称	税务登记号	开户银行	开户账号
101	海珠市昌江有限公司	昌江公司	457894584256	农行珠江分行	66755377
102	海珠市供电有限公司	供电公司	456873642358	建行东风支行	45449466

（五）存货分类（见表1-7）

表1-7 存货分类

1	原材料
2	产成品

（六）存货档案（见表1-8）

表1-8 存货档案

存货代码	存货名称	存货属性	计量单位	税率/%
101	A材料	外购、生产耗用	千克	17
102	B材料	外购、生产耗用	千克	17
201	甲产品	自制、销售	件	17

（七）结算方式（见表1-9）

表1-9 结算方式

结算方式编码	结算方式名称	票据管理
1	现金	否
2	支票	是
3	汇兑	否

（八）开户银行（见表1-10）

表1-10　开户银行

编号	开户银行	账号	暂封标志
1	建行香洲支行	76543210	否

（九）凭证类别

记账凭证。

（十）指定科目

指定"库存现金"为现金总账科目；指定"银行存款"为银行总账科目。

（十一）会计科目及期初余额（见表1-11）

表1-11　会计科目及期初余额

科目代码	科目名称	科目类型	账页格式	辅助核算	月初余额	
					方向	金额
1001	库存现金	资产	金额式	日记账	借	50 000.00
1002	银行存款	资产	金额式	日记账、银行账	借	120 000.00
1121	应收票据	资产	金额式	客户往来，受控系统：无	借	
1122	应收账款	资产	金额式	客户往来，受控系统：应收	借	
1123	预付账款	资产	金额式	供应商往来，受控系统：应付	借	
1221	其他应收款	资产	金额式		借	
1402	在途物资	资产	金额式		借	

续表

科目代码	科目名称	科目类型	账页格式	辅助核算	月初余额	
					方向	金额
1403	原材料	资产	数量金额式	数量核算（千克）	借	85 000.00
140301	A材料	资产	数量金额式	数量核算（千克）	借	40 000.00 单价40.00元/千克 数量1 000千克
140302	B材料	资产	数量金额式	数量核算（千克）	借	45 000.00 单价50.00元/千克 数量900千克
1405	库存商品	资产	数量金额式	数量核算（件）	借	550 000.00
140501	甲产品	资产	数量金额式	数量核算（件）	借	550 000.00 单价647.06元/件 数量850件
1411	周转材料	资产	金额式		借	
1601	固定资产	资产	金额式		借	8 900 000.00
1602	累计折旧	资产	金额式		贷	900 000.00
2001	短期借款	负债	金额式		贷	40 000.00
2501	长期借款	负债	金额式		贷	80 000.00
2202	应付账款	负债	金额式	供应商往来，受控系统：无	贷	
220201	应付账款	负债	金额式	供应商往来，受控系统：应付	贷	
2203	预收账款	负债	金额式	客户往来，受控系统：应收	贷	
2211	应付职工薪酬	负债	金额式		贷	
221101	工资	负债	金额式		贷	

续表

科目代码	科目名称	科目类型	账页格式	辅助核算	月初余额	
					方向	金额
2221	应交税费	负债	金额式		贷	
222101	应交增值税	负债	金额式		贷	
22210101	进项税额	负债	金额式		贷	
22210106	销项税额	负债	金额式		贷	
22210107	进项税额转出	负债	金额式		贷	
222102	未交增值税	负债	金额式		贷	
222106	应交所得税	负债	金额式		贷	
222108	应交城建税	负债	金额式		贷	
222112	应交个人所得税	负债	金额式		贷	
222113	应交教育费附加	负债	金额式		贷	
2241	其他应付款	负债	金额式		贷	
3001	实收资本	权益	金额式		贷	5 000 000.00
3002	资本公积	权益	金额式		贷	600 000.00
3101	盈余公积	权益	金额式		贷	30 000.00
310101	法定盈余公积	权益	金额式		贷	30 000.00
310102	任意盈余公积	权益	金额式		贷	
3103	本年利润	权益	金额式		贷	2 855 000.00
3104	利润分配	权益	金额式		贷	200 000.00
310415	未分配利润	权益	金额式		贷	200 000.00

续表

科目代码	科目名称	科目类型	账页格式	辅助核算	月初余额	
					方向	金额
4001	生产成本	成本	金额式		借	
400101	甲产品	成本	金额式		借	
4101	制造费用	成本	金额式		借	
410101	材料费	成本	金额式		借	
410102	人工费	成本	金额式		借	
410103	折旧费	成本	金额式		借	
410104	其他费用	成本	金额式		借	
5001	主营业务收入	损益	金额式		贷	
500101	甲产品	损益	数量金额式	数量核算（件）	贷	
5051	其他业务收入	损益	金额式		贷	
5403	税金及附加	损益	金额式		借	
5401	主营业务成本	损益	金额式		借	
540101	甲产品	损益	数量金额式	数量核算（件）	借	
5402	其他业务成本	损益	金额式		借	
5601	销售费用	损益	金额式		借	
5602	管理费用	损益	金额式		借	
5603	财务费用	损益	金额式		借	
5711	营业外支出	损益	金额式		借	

其中，库存期初余额明细表（见表1-12）：

表1-12　库存期初余额明细表

存货编码	存货名称	计量单位	数量	单价	金额
101	A材料	千克	1 000	40.00	40 000.00
102	B材料	千克	900	50.00	45 000.00
201	甲产品	件	850	—	550 000.00

（十二）购销存设置

选项参数设置：核算方式——按仓库核算；库存系统——生成销售出库单。

1. 仓库档案（见表1-13）

表1-13　仓库档案

仓库编码	仓库名称	所属部门	计价方式	是否货位管理
01	原材料仓	仓管部	移动加权平均法	否
02	成品仓	仓管部	全月加权平均法	否

2. 收发类别（见表1-14）

表1-14　收发类别

类别编号	类别名称	收发标志
1	入库类别	收
11	采购入库	收
12	产成品入库	收

续表

类别编号	类别名称	收发标志
121	甲产品入库	收
2	出库类别	发
21	销售出库	发
22	材料出库	发
221	生产产品用料	发
222	车间一般用料	发

3．设置费用项目（见表1-15）

表1-15　费用项目

1	运费

（十三）核算科目设置

1．存货科目设置（见表1-16）

表1-16　存货科目设置

仓库编码	仓库名称	存货分类编码	存货分类名称	科目编码	科目名称
01	原料仓	1	原材料	140301	原材料——A材料
02	成品仓	2	产成品	140501	库存商品——甲产品

2. 存货对方科目设置（见表1-17）

表1-17 存货对方科目设置

收发类别编码	收发类别名称	对方科目编码	对方科目名称
11	采购入库	1402	在途物资
121	甲产品入库	400101	生产成本——甲产品
21	销售出库	540101	主营业务成本——甲产品
221	生产产品用料	400101	生产成本——甲产品
222	车间一般用料	410101	制造费用——材料费

3. 客户往来科目设置（见表1-18）

表1-18 客户往来科目设置

科目种类	科目名称	科目编码
基本科目设置	应收科目	1122
	销售收入科目	500101
	应交增值税科目	22210106
	预收科目	2203
科目种类	结算方式	科目编码
结算方式科目设置	现金	1001
	支票	1002
	汇兑	1002

4. 供应商往来科目设置（见表1-19）

表1-19 供应商往来科目设置

科目种类	科目名称	科目编码
基本科目设置	应付科目	220201
	采购科目	1402
	采购税金科目	22210101
	预付科目	1123

科目种类	结算方式	科目编码
结算方式科目设置	现金	1001
	支票	1002
	汇兑	1002

五、2017年3月海珠市青枫公司经济业务账务处理（见表1-20）

表1-20 海珠市青枫公司经济业务账务处理

业务序号	业务日期	业务描述	业务操作流程指导	会计分录答案
1	2日	领用材料用于生产甲产品。生产甲产品领用A材料900千克、B材料900千克	1. 在【库存】系统中填制材料出库单并审核。 2. 在【核算】系统中执行"正常单据记账"，并选择"购销单据制单"	借：生产成本——甲产品——直接材料　81 000.00 贷：原材料——A材料　36 000.00 　　原材料——B材料　45 000.00

续表

业务序号	业务日期	业务描述	业务操作流程指导	会计分录答案
2	3日	收到宜家公司支票1张预付货款5 000元（票据号：456）	1. 在【销售】系统中填制收款单（预收）。 2. 在【核算】系统生成记账凭证（客户往来制单——核销制单）	借：银行存款　　　　　　　　　　5 000.00 　贷：预收账款——宜家公司　　　　5 000.00
3	5日	向昌江公司购买500千克A材料，不含税单价为45.00元/千克，增值税税率17%，已验收入库，收到采购增值税专用发票（发票号：1001）	1. 在【采购】系统中录入采购专用发票并"复核"，流转生成采购入库单；再进行"采购结算"。 2. 在【库存】系统审核采购入库单。 3. 在【核算】系统中执行"正常单据记账"。 4. 在【核算】系统中生成记账凭证（选择"购销单据制单"），注意：打开"未生成凭证单据一览表"时，将√"已结算采购入库单…"（在菜单栏处）复选框打钩	借：原材料——A材料　　　　　　22 500.00 　　应交税费——应交增值税(进项税额)　3 825.00 　贷：应付账款——昌江公司　　　26 325.00
4	7日	以转账支票偿还昌江公司A材料货款，共计26 325.00元（票据号：276）	1. 在【采购】系统中填制付款单（核销）。 2. 在【核算】系统中生成记账凭证（供应商往来——核销制单）	借：应付账款——昌江公司　　　26 325.00 　贷：银行存款　　　　　　　　26 325.00

续表

业务序号	业务日期	业务描述	业务操作流程指导	会计分录答案
5	10日	向宜家售甲产品100件，每件不含税单价700元，开出增值税专用发票（票号16801），使用预收款，余款用电汇结算方式收回	1. 在【销售】系统录入发货单并流转生成"销售专用发票"（复核）。 2. 在【销售】系统录入收款结算（使用预收款）。 3. 在【库存】系统生成"销售出库单"并审核。 4. 在【销售】系统选择"客户往来制单——发票制单"和"客户往来制单——核销制单"生成记账凭证	① 销售产品 借：应收账款——宜家公司　　　　　81 900.00 　　贷：主营业务收入——甲产品　　　70 000.00 　　　　应交税费——应交增值税(销项税额)　11 900.00 ② 借：银行存款　　　　　　　　　　76 900.00 　　　预收账款——宜家公司　　　　　5 000.00 　　贷：应收账款——宜家公司　　　　81 900.00
6	18日	生产甲产品领用A材料200千克	1. 在【库存】系统填制材料出库单。 2.【核算】系统执行"正常单据记账"。 3.【核算】系统生成记账凭证（购销制单）	借：生产成本——甲产品　　　　　　8 834.00 　　贷：原材料——A材料　　　　　　8 834.00
7	31日	分配本月电费2 530.00元，其中甲产品1 120.00元、生产车间860.00元、行政部门550.00元	在【总账】系统中制单	借：生产成本——甲产品　　　　　　1 120.00 　　制造费用——其他费用　　　　　　860.00 　　管理费用　　　　　　　　　　　　550.00 　　贷：应付账款——供电公司　　　　2 530.00
8	31日	分配本月工资：生产甲产品工人工资25 890.00元，车间管理人员工资5 020.00元，行政管理人员工资3 805.00元，销售人员工资3 770.00元	在【总账】系统中制单	借：生产成本——甲产品　　　　　25 890.00 　　制造费用——人工费　　　　　　5 020.00 　　管理费用　　　　　　　　　　　3 805.00 　　销售费用　　　　　　　　　　　3 770.00 　　贷：应付职工薪酬——工资　　　38 485.00

续表

业务序号	业务日期	业务描述	业务操作流程指导	会计分录答案
9	31日	计提本月固定资产折旧费35 908.00元,其中属于生产车间的折旧费为21 355.00元,行政管理部门的折旧费为14 553.00元	在【总账】系统中制单	借:制造费用——折旧费　　　21 355.00 　　管理费用　　　　　　　　14 553.00 　贷:累计折旧　　　　　　　　35 908.00
10	31日	结转本月发生的制造费用	在【总账】系统中查询并制单	借:生产成本——甲产品　　　27 235.00 　贷:制造费用——人工费　　　 5 020.00 　　　制造费用——折旧费　　　21 355.00 　　　制造费用——其他费用　　　 860.00
11	31日	本月甲产品175件全部完工入库,结转完工产品成本	1. 在【总账】系统中查询"生产成本——甲产品"明细账的期末余额; 2. 在【库存】系统中录入"产品入库单"; 3. 在【核算】→【核算】→【产成品成本分配】中录入查询到的"生产成本——甲产品"的期末余额数,再单击【分配】按钮,完成产成品成本分配; 4. 在【核算】系统对"成品仓"中的"甲产品入库单"执行"正常单据记账"; 5. 在【核算】系统选择"购销单据制单"	借:库存商品——甲产品　　　144 079.00 　贷:生产成本——甲产品　　　144 079.00
12	31日	结转已销售产品的成本	1. 在【核算】系统中对"成品仓"中的"销售出库单"执行"正常单据记账"; 2. 对【购销存】各子系统进行月末结账,再对【核算】系统进行月末处理; 3. 在【核算】系统选择"购销单据制单"	借:主营业务成本——甲产品　　67 715.00 　贷:库存商品——甲产品　　　67 715.00

续表

业务序号	业务日期	业务描述	业务操作流程指导	会计分录答案
13	31日	结转本期损益类账户的发生额	1. 对本月的记账凭证审核并记账； 2. 在【总账】系统中选择"月末转账"→"期间损益结转"，生成记账凭证	①结转收入类的账户发生额 借：主营业务收入——甲产品　　70 000.00 　　贷：本年利润　　　　　　　　　70 000.00 ②结转费用类的账户发生额 借：本年利润　　　　　　　　　90 393.00 　　贷：主营业务成本——甲产品　　67 715.00 　　　　管理费用　　　　　　　　18 908.00 　　　　销售费用　　　　　　　　　3 770.00
14	31日	调用报表模板，生成资产负债表、利润表	生成资产负债表、利润表	

附：综合实训1会计报表参考答案

资产负债表

会小企02表

单位名称：海珠市青枫有限公司　　　　2017年3月31日　　　　　　　　　　　　　　单位：元

资产	行次	期末余额	年初余额	负债和所有者权益	行次	期末余额	年初余额
流动资产：				流动负债：			
货币资金	1	225 575.00	170 000.00	短期借款	31	40 000.00	40 000.00
短期投资	2			应付票据	32		
应收票据	3			应付账款	33	2 530.00	

续表

资　　产	行次	期末余额	年初余额	负债和所有者权益	行次	期末余额	年初余额
应收账款	4			预收账款	34		
预付账款	5			应付职工薪酬	35	38 485.00	
应收股利	6			应交税费	36	8 075.00	
应收利息	7			应付利息	37		
其他应收款	8			应付利润	38		
存货	9	644 030.00	635 000.00	其他应付款	39		
其中：原材料	10	17 666.00	85 000.00	其他流动负债	40		
在产品	11			流动负债合计	41	89 090.00	40 000.00
库存商品	12	626 364.00	550 000.00	非流动负债：			
周转材料	13			长期借款	42	80 000.00	80 000.00
其他流动资产	14			长期应付款	43		
流动资产合计	15	869 605.00	805 000.00	递延收益	44		
非流动资产：				其他非流动负债	45		
长期债券投资	16			非流动负债合计	46	80 000.00	80 000.00
长期股权投资	17			负债合计	47	169 090.00	120 000.00
固定资产原价	18	8 900 000.00	8 900 000.00				
减：累计折旧	19	935 908.00	900 000.00				
固定资产账面价值	20	7 964 092.00	8 000 000.00				
在建工程	21						

续表

资产	行次	期末余额	年初余额	负债和所有者权益	行次	期末余额	年初余额
工程物资	22						
固定资产清理	23						
生产性生物资产	24			所有者权益（或股东权益）			
无形资产	25			实收资本（或股本）	48	5 000 000.00	5 000 000.00
开发支出	26			资本公积	49	600 000.00	600 000.00
长期待摊费用	27			盈余公积	50	30 000.00	30 000.00
其他非流动资产	28			未分配利润	51	3 034 607.00	3 055 000.00
非流动资产合计	29	7 964 092.00	8 000 000.00	所有者权益（或股东权益）合计	52	8 664 607.00	8 685 000.00
资产总计	30	8 833 697.00	8 805 000.00	负债和所有者权益（或股东权益）总计	53	8 833 697.00	8 805 000.00

利 润 表

会小企02表

单位名称：海珠市青枫有限公司　　　　2017年3月　　　　　　　　　　　　　　　　　　　　单位：元

项目	行次	本年累计金额	本月金额
一、营业收入	1	70 000.00	70 000.00
减：营业成本	2	67 715.00	67 715.00
营业税金及附加	3		
其中：消费税	4		

续表

项　　目	行次	本年累计金额	本月金额
营业税	5		
城市维护建设税	6		
资源税	7		
土地增值税	8		
城镇土地使用税、房产税、车船税、印花税	9		
教育费附加、矿产资源补偿费、排污费	10		
销售费用	11	3 770.00	3 770.00
其中：商品维修费	12		
广告费和业务宣传费	13		
管理费用	14	18 908.00	18 908.00
其中：开办费	15		
业务招待费	16		
研究费用	17		
财务费用	18		
其中：利息费用（收入以"－"号填列）	19		
加：投资收益（损失以"－"号填列）	20		
二、营业利润（亏损以"－"号填列）	21	－20 393.00	－20 393.00
加：营业外收入	22		

续表

项　　目	行次	本年累计金额	本月金额
其中：政府补助	23		
减：营业外支出	24		
其中：坏账损失	25		
无法收回的长期债券投资损失	26		
无法收回的长期股权投资损失	27		
自然灾害等不可抗力因素造成的损失	28		
税收滞纳金	29		
三、利润总额（亏损总额以"－"号填列）	30	－20 393.00	－20 393.00
减：所得税费用	31		
四、净利润（净亏损以"－"号填列）	32	－20 393.00	－20 393.00

综合实训 2——应用能力实训篇

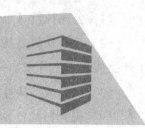

一、企业基本情况（见表 2-1）

表2-1 企业基本情况

企业名称	滨海市科技有限公司（简称：滨海科技）
法人代表	李建国
会计主管	刘洋
会计	陈华
住址、邮编	滨海市桂花路152号　519000
电话	3343875
纳税人识别号	440101876543210
开户银行、账号	建设银行长江路支行　36184578
主营业务	生产销售甲产品、乙产品

二、创新公司采用的会计政策和核算方法

（1）公司执行《小企业会计准则（2013）》。

（2）存货核算方法：存货采用实际成本核算，发出存货采用月末一次加权平均法计价，除不尽时，用顺算法。月末一次结转完工产品成本，本月末均无在产品。

（3）产品成本核算方法：按品种法。该企业有一个基本生产车间，生产甲、乙两种产品。

（4）税金核算：企业经滨海市国家税务局认定为增值税一般纳税人，增值税税率为17%，运费专用发票运费按11%抵扣率抵扣增值税，运杂费按6%抵扣率抵扣增值税。城建税税率为7%，教育费附加的征收率为3%。所得税税率25%。

（5）单位成本计算保留两位小数，分配率计算保留四位小数，销售单价均为不含税单价。

（6）企业存货采用的暂估回冲方式为月初回冲。

（7）采购材料共同的运费按数量分摊。

三、账套信息

（一）建立账套

1. 账套基本信息

　　账套号：630

　　账套名称：滨海市科技有限公司

　　启用会计期间：2017年8月

2. 单位信息

　　单位名称：滨海市科技有限公司

　　单位简称：滨海科技

单位地址：滨海市桂花路152号

法人代表：李建国

3. 核算类型

企业类型：工业

行业性质：《小企业会计准则（2013）》

账套主管：刘洋

是否按行业预置科目：是

4. 基础信息

存货是否分类：是

客户是否分类：否

供应商是否分类：否

有无外币核算：无

5. 分类编码方案

科目编码级次：42222

部门编码级次：12

存货分类编码级次：122

其他：默认

6. 数据精度定义

存货数量小数位：4

换算率小数位：4

其他小数位：2

7. 系统启用【总账】、【核算】、【购销存管理】模块

（二）设置操作员及权限（见表2-2）

表2-2　操作员及权限

操作员编号	操作员姓名	岗位	职责权限
01	刘洋	会计主管	账套主管
02	陈华	会计员	公用目录设置、总账中除"审核凭证"和"出纳签字"外的所有权限、现金管理、往来、项目管理、财务报表、应付管理、应收管理、采购管理、销售管理、库存管理、核算
03	张丽	出纳员	总账中的出纳签字、现金管理

四、初始设置

（一）部门档案（见表2-3）

表2-3　部门档案

部门编码	部门名称
1	行政部
2	财务部
3	采购部
4	销售部
5	仓管部
6	生产车间

（二）客户档案（见表2-4）

表2-4 客户档案

编号	客户名称	简称	税务登记号	开户银行	开户账号
101	珠海市华发有限公司	华发公司	44010012348671	工商香华支行	6685624
102	广东省南方有限公司	南方公司	44010012376542	农商宁静支行	6698567
103	深圳市嘉深有限公司	嘉深公司	44010023789343	建行深圳支行	8895623

（三）供应商档案（见表2-5）

表2-5 供应商档案

编号	供应商名称	简称	税务登记号	开户银行	开户账号
101	广州市南阳有限公司	南阳公司	567865896088	工行广州支行	66249532
102	南昌市华为有限公司	华为公司	457894897256	农商南昌分行	66248377
103	上海市全汇有限公司	全汇公司	456848983584	建行上海支行	45412636
104	滨海市供电有限公司	供电公司	456848983585	工商滨海支行	56532565
105	滨海市供水有限公司	供水公司	458586896474	工商滨海支行	84815445

（四）存货分类（见表2-6）

表2-6 存货分类

1	原材料
2	产成品
3	其他类

（五）存货档案（见表2-7）

表2-7　存货档案

存货代码	存货名称	存货属性	计量单位	税率/%
101	A材料	外购、生产耗用	千克	17
102	B材料	外购、生产耗用	千克	17
201	甲产品	自制、销售	台	17
202	乙产品	自制、销售	台	17
301	运费	外购、销售、劳务费用	元	11
302	运杂费	外购、销售、劳务费用	元	6

（六）结算方式（见表2-8）

表2-8　结算方式

结算方式编码	结算方式名称	票据管理
1	支票	是
2	现金	否
3	商业汇票	是
4	汇兑	否
5	其他	否

（七）付款条件（见表2-9）

表2-9　付款条件

付款条件编码	付款条件表示	信用天数	优惠天数1	优惠率1	优惠天数2	优惠率2
01	2/10,1/20,N/30	30	10	2	20	1

（八）开户银行（见表2-10）

表2-10　开户银行

编号	开户银行	账号
1	建设银行长江路支行	36184578

（九）凭证类别
记账凭证。

（十）购销存设置

选项参数设置：核算方式——按仓库核算；暂估方式——月初回冲；销售成本核算方式——按销售出库单；进项税转出科目——进项税额转出；销售设置——销售生成出库单。采购及销售业务范围设置：勾上"现金折扣是否显示"。基础设置的"单据设计"：对"材料出库单"增设"项目编码""项目大类编码"栏目。

1. 仓库档案（见表2-11）

表2-11　仓库档案

仓库编码	仓库名称	所属部门	计价方式	是否货位管理
01	原材料仓	仓管部	全月平均法	否
02	成品仓	仓管部	全月平均法	否

2. 收发类别（见表2-12）

表2-12 收发类别

类别编号	类别名称	收发标志
1	入库类别	收
11	采购入库	收
12	产成品入库	收
121	甲产品入库	收
122	乙产品入库	收
13	退料入库	收
14	半成品入库	收
15	其他入库	收
151	材料暂估入库	收
152	盘盈入库	收
2	出库类别	发
21	销售出库	发
22	材料出库	发
221	生产产品用料	发
222	车间一般用料	发
25	其他出库	发
251	盘亏出库	发

3. 设置费用项目（见表2-13）

表2-13　费用项目

1	运费
2	运杂费

（十一）项目目录（见表2-14）

表2-14　项目目录

项目大类	核算科目	项目结构	项目分类定义	项目目录
成本对象	4001生产成本	按系统默认	1. 产品	1. 甲产品 2. 乙产品
	400101直接材料	按系统默认		
	400102直接人工	按系统默认		
	400103制造费用	按系统默认		

（十二）指定科目

指定"库存现金"为现金总账科目；指定"银行存款"为银行总账科目。

（十三）会计科目及期初余额（见表2-15）

表2-15　会计科目及期初余额

科目编码	科目名称	计量单位	指定账页格式	余额方向	期初余额	备注
1001	库存现金		金额式、日记账	借	11 059.90	
1002	银行存款		金额式、日记账、银行账	借	7 401 881.39	

续表

科目编码	科目名称	计量单位	指定账页格式	余额方向	期初余额	备注
1012	其他货币资金		金额式	借	8 000.00	
1122	应收账款		金额式、客户往来；受控系统：应收	借	93 693.60	见表2-18
1123	预付账款		金额式、供应商往来；受控系统：应付	借		
1131	应收股利		金额式	借		
1221	其他应收款		金额式	借		
1402	在途物资		金额式	借		
1403	原材料		数量金额式	借	211 000.00	
140301	A材料	千克	数量金额式	借	85 000.00 单价50.00元/千克 数量1 700千克	详见表2-19
140302	B材料	千克	数量金额式	借	126 000.00 单价90.00元/千克 数量1 400千克	详见表2-19
1405	库存商品		数量金额式	借	328 000.00	
140501	甲产品	台	数量金额式	借	220 000.00 单价440.00元/台 数量500台	详见表2-19
140502	乙产品	台	数量金额式	借	108 000.00 单价360.00元/台 数量300台	详见表2-19

续表

科目编码	科目名称	计量单位	指定账页格式	余额方向	期初余额	备注
1411	周转材料		金额式	借		
1601	固定资产		金额式	借	542 583.00	
1602	累计折旧		金额式	贷	115 263.00	
2202	应付账款		金额式、供应商往来；受控系统：无	贷	22 500.00	
220201	应付款		金额式、供应商往来；受控系统：应付	贷	11 700.00	见表2-16
220202	暂估应付款		金额式、供应商往来；受控系统：无	贷	10 800.00	见表2-17
2203	预收账款		金额式、客户往来；受控系统：应收	贷		
2211	应付职工薪酬		金额式	贷		
221101	应付职工工资		金额式	贷		
221103	应付福利费		金额式	贷		
221104	应付社会保险费		金额式	贷		
221105	应付住房公积金		金额式	贷		
221107	应付教育经费		金额式	贷		
2221	应交税费		金额式	贷	39 477.20	
222101	应交增值税		金额式	贷		
22210101	进项税额		金额式	贷		
22210106	销项税额		金额式	贷		
22210107	进项税额转出		金额式	贷		

续表

科目编码	科目名称	计量单位	指定账页格式	余额方向	期初余额	备注
222102	未交增值税		金额式	贷	39 477.20	
222106	应交所得税		金额式	贷		
222108	应交城建税		金额式	贷		
222112	应交个人所得税		金额式	贷		
222113	应交教育费附加		金额式	贷		
2241	其他应付款		金额式	贷		
3001	实收资本		金额式	贷	6 500 000.00	
3002	资本公积		金额式	贷	200 000.00	
3101	盈余公积		金额式	贷	927 000.00	
310101	法定盈余公积		金额式	贷	927 000.00	
310102	任意盈余公积		金额式	贷		
3103	本年利润		金额式	贷	48 165.34	
3104	利润分配		金额式	贷	988 713.35	
310415	未分配利润		金额式	贷	988 713.35	
4001	生产成本		金额式、项目核算	借	244 901.00	见表2-20
400101	直接材料		金额式、项目核算	借	196 067.00	
400102	直接人工		金额式、项目核算	借	47 081.00	
400103	制造费用		金额式、项目核算	借	1 753.00	

续表

科目编码	科目名称	计量单位	指定账页格式	余额方向	期初余额	备注
4101	制造费用		金额式	借		
5001	主营业务收入		数量金额式	贷		
500101	甲产品	台	数量金额式	贷		
500102	乙产品	台	数量金额式	贷		
5301	营业外收入		金额式	贷		
5401	主营业务成本		数量金额式	借		
540101	甲产品	台	数量金额式	借		
540102	乙产品	台	数量金额式	借		
5402	其他业务成本		金额式	借		
5403	税金及附加		金额式	借		
5601	销售费用		金额式	借		
5602	管理费用		金额式	借		
5603	财务费用		金额式	借		
5711	营业外支出		金额式	借		
5801	所得税费用		金额式	借		

其中，供应商往来期初余额（见表2-16）：

表2-16　供应商往来期初余额

单据类型	单据日期	发票号	供应商	科目	方向	存货名称	数量	单价	金额	摘要
专用发票	2017-7-30	656843	华为公司	220201	贷	A材料	200	50.00	11 700.00	购料

采购入库单期初余额（见表2-17）：

表2-17　采购入库单期初余额

单据类型	单据日期	供应商	科目	方向	存货名称	数量	单价	金额	摘要
暂估款	2017-7-31	全汇公司	220202	贷	B材料	120	90.00	10 800.00	购料

客户往来期初余额（见表2-18）：

表2-18　客户往来期初余额

单据类型	单据日期	供应商	科目	方向	存货名称	数量	单价	金额	摘要
专用发票	2017-7-25	南方公司	1122	借	甲产品	182	440.00	93 693.60	销售甲产品

库存系统期初数据（见表2-19）：

表2-19　库存系统期初数据

仓库名称	存货编码	存货名称	计量单位	数量	单价/元	金额/元	入库日期
原材料仓	101	A材料	千克	1 700	50.00	85 000.00	2017-07-31
	102	B材料	千克	1 400	90.00	126 000.00	2017-07-31
		小计				211 000.00	

续表

仓库名称	存货编码	存货名称	计量单位	数量	单价/元	金额/元	入库日期
成品仓	201	甲产品	台	500	440.00	220 000.00	2017-07-31
	202	乙产品	台	300	360.00	108 000.00	2017-07-31
		小计				328 000.00	

生产成本期初余额（见表2-20）：

表2-20　生产成本期初余额

项目	方向	金额	明细
甲产品	借	106 323.00	直接材料　98 000.00 直接人工　7 556.00 制造费用　767.00
乙产品	借	138 578.00	直接材料　9 8067.00 直接人工　39 525.00 制造费用　986.00

（十四）核算科目设置
1. 存货科目设置（见表2-21）

表2-21　存货科目设置

仓库编码	仓库名称	存货分类编码	存货分类名称	科目编码	科目名称
01	原料仓	1	原材料	140301	原材料——A材料
02	成品仓	2	库存商品	140501	库存商品——甲产品

2. 存货对方科目设置（见表2-22）

表2-22 存货对方科目设置

收发类别编码	收发类别名称	对方科目编码	对方科目名称
11	采购入库	1402	在途物资
121	甲产品入库	400101	生产成本——直接材料
122	乙产品入库	400101	生产成本——直接材料
151	材料暂估入库	220202	暂估应付款
152	盘盈入库	1901	待处理财产损溢
21	销售出库	540101	主营业务成本——甲产品
221	生产产品用料	400101	生产成本——直接材料
222	车间一般用料	4101	制造费用
251	盘亏出库	1901	待处理财产损溢

3. 客户往来科目设置（见表2-23）

表2-23 客户往来科目设置

科目种类	科目名称	科目编码
基本科目设置	应收科目	1122
	销售收入科目	500101
	应交增值税科目	22210106
	销售退回	500101
	现金折扣	560303
	预收科目	2203

续表

科目种类	结算方式	科目编码
结算方式科目设置	现金	1001
	支票	100201
	汇兑	100201
	商业汇票	1121
	其他	100201

4．供应商往来科目设置（见表2-24）

表2-24 供应商往来科目设置

科目种类	科目种类	科目编码
基本科目设置	应付科目	220201
	采购科目	1402
	采购税金科目	22210101
	现金折扣	560303
	预付科目	1123

科目种类	结算方式	科目编码
结算方式科目设置	现金	1001
	支票	100201
	汇兑	100201
	商业汇票	2201
	其他	100201

五、2017 年 8 月滨海市科技公司经济业务账务处理（见表 2-25）

表2-25　滨海市科技公司经济业务账务处理

业务序号	业务日期	业务描述	操作步骤	会计分录	
1	1日	上月末的暂估款月初回冲	在【核算】系统中选择"购销单据制单"中的"填制红字回冲单"	借：原材料——B材料 　贷：应付账款——暂估应付款	10 800.00 10 800.00
2	2日	从南阳公司购买A材料350千克，不含税单价为55元/千克，增值税税率17%，发票号：101，并以支票支付货款，货物未到，票据号：001	1. 在【采购】系统中填制"采购专用发票"，"现付"并"复核"。 2. 在【核算】系统中选择"供应商往来制单"中的"现结制单"	借：在途物资 　　应交税费——应交增值税（进项税额） 　贷：银行存款	19 250.00 3 272.50 22 522.50
3	2日	预收嘉深公司8 000元，票据号：002	1. 在【销售】系统中录入"收款单"。 2. 在【核算】系统中选择"客户往来制单"中的"核销制单"	借：银行存款 　贷：预收账款——嘉深公司	8 000.00 8 000.00
4	3日	从南阳公司购入的A材料验收入库	1. 在【采购】系统中录入"采购入库单"。 2. 在【采购】系统中执行"采购结算"。 3. 在【库存】系统中进行"采购入库单审核"。 4. 在【核算】系统中执行"正常单据记账"，再选择"购销单据制单"	借：原材料——A材料 　贷：在途物资	19 250.00 19 250.00

续表

业务序号	业务日期	业务描述	操作步骤	会计分录
5	3日	预付华为公司货款10 000元，票据号：003	1. 在【采购】系统中录入"付款单"。 2. 在【核算】系统中选择"供应商往来制单"中的"核销制单"	借：预付账款——华为公司　　10 000.00 　　贷：银行存款　　　　　　　　10 000.00
6	5日	向华为公司购入B材料400千克，不含税单价为95元/千克，增值税税率17%，发票号：102。材料验收入库，货款尚未支付（预付冲应付）	1. 在【采购】系统中录入"采购专用发票"并"复核"。 2. 在【采购】系统中录入"采购入库单"。 3. 在【采购】系统中执行"采购结算"。 4. 在【库存】系统中进行"采购入库单审核"。 5. 在【核算】系统中执行"正常单据记账"，选择"购销单据制单"。 6. 在【采购】系统中选择"预付冲应付"。 7. 在【核算】系统中选择"供应商往来制单"中的"转账制单"	① 购入材料款未付 借：原材料——B材料　　　　　　38 000.00 　　应交税费——应交增值税（进项税额）　6 460.00 　　贷：应付账款——应付款（华为公司）　44 460.00 ② 预付冲应付 借：预付账款——华为公司　　　10 000.00 借：应付账款——应付款（华为公司）　10 000.00
7	6日	偿还华为公司货款11 700元，以支票支付票据号：004	1. 在【采购】系统中录入"付款单"。 2. 在【核算】系统中选择"供应商往来制单"中的"核销制单"	借：应付账款——应付款（华为公司）　11 700.00 　　贷：银行存款　　　　　　　　11 700.00

续表

业务序号	业务日期	业务描述	操作步骤	会计分录
8	7日	向全汇公司购买A材料300千克，不含税单价为60元/千克，增值税税率17%，B材料250千克，不含税单价为100元/千克，增值税税率17%，发票号：103，以支票支付货款，票据号：004，材料尚未入库	1. 在【采购】系统中录入"采购专用发票"，"现付"并"复核"。 2. 在【核算】系统中选择"供应商往来制单"中的"现结制单"	借：在途物资　　　　　　　　　43 000.00 　　应交税费——应交增值税（进项税额）　7 310.00 　贷：银行存款　　　　　　　　50 310.00
9	9日	生产车间生产甲产品领用A材料800千克、B材料600千克，生产乙产品领用A材料600千克、B材料500千克	在【库存】系统中录入"材料出库单"并"审核"	暂不用生成记账凭证
10	10日	从全汇公司购入的A材料验收入库，短缺2千克，属定额内合理损耗；购入的B材料验收入库，毁损20千克，属意外事故造成	1. 在【采购】系统中录入"采购入库单"。 2. 在【采购】系统中执行"采购结算"。 3. 在【库存】系统中对"采购入库单"进行"审核"。 4. 在【核算】系统中执行"正常单据记账"，再选择"购销单据制单"。 5. 在【总账】系统中填制第二笔分录的记账凭证	① 材料验收入库 借：原材料——A材料　　　　　　18 000.00 　　原材料——B材料　　　　　　23 000.00 　贷：在途物资　　　　　　　　41 000.00 ② 进项税额转出 借：营业外支出　　　　　　　　2 340.00 　贷：在途物资　　　　　　　　2 000.00 　　应交税费——应交增值税（进项税额转出）　340.00
11	13日	甲产品完工入库200台，乙产品完工入库150台	在【库存】系统中录入"产成品入库单"并"审核"	暂不用生成记账凭证

续表

业务序号	业务日期	业务描述	操作步骤	会计分录
12	15日	向华为公司购买A材料100千克,不含税单价为65元/千克,增值税税率17%,B材料200千克,不含税单价为105元/千克,增值税税率17%,发票号:104,运费发票上注明运费100元,可抵扣11%的增值税进项税额。以支票支付货款,票据号:005,材料尚未入库	1. 在【采购】系统中录入"采购专用发票"及"运费专用发票",并"现付"再"复核"。 2. 在【核算】系统中选择"供应商往来制单"中的"现结制单"	借:在途物资　　　　　　　　　27 600.00 　　应交税费——应交增值税(进项税额)　4 686.00 　贷:银行存款　　　　　　　　　32 286.00
13	17日	向华为公司采购的A、B材料验收时,发现A材料溢余0.5千克,属定额内自然溢余;B材料有40千克因质量有问题被退回,收到红字增值税发票。发票号:105(按数量分摊)	1. 在【采购】系统中录入"采购入库单",再录入"红字采购专用发票"并"复核"。 2. 在【采购】系统中执行"采购结算"。 3. 在【库存】系统中对"采购入库单"进行"审核"。 4. 在【核算】系统中选择"供应商往来制单"中的"发票制单"。 5. 在【核算】系统中执行"正常单据记账",并选择"购销单据制单"	① 材料验收入库 借:原材料——A材料　　　　　6 538.58 　　原材料——B材料　　　　　16 861.42 　贷:在途物资　　　　　　　　23 400.00 ② 质量有问题材料未入库,被退回 借:在途物资　　　　　　　　　4 200.00 　　应交税费——应交增值税(进项税额)　714.00 　贷:应付账款——应付款(华为公司)　4 914.00

续表

业务序号	业务日期	业务描述	操作步骤	会计分录	
14	19日	收到南方公司偿还货款93 693.60元，支票号：006	1. 在【销售】系统中录入"收款单"。 2. 在【核算】系统中选择"客户往来制单"中的"核销制单"	借：银行存款——建行存款 　　贷：应收账款——南方公司	93 693.60 93 693.60
15	21日	向华发公司销售甲产品90台，不含税单价450元/台，销售乙产品120，不含税单价380元/台，开具增值税专用发票，货款未收（付款条件：2/10，1/20，N/30）	1. 在【销售】系统中录入"销售专用发票"。 2. 在【库存】系统中生成"销售出库单"并"审核"。 3. 在【核算】系统中选择"客户往来制单"中的"发票制单"	借：应收账款——华发公司 　　贷：主营业务收入——甲产品 　　　　主营业务收入——乙产品 　　　　应交税费——应交增值税（销项税额）	100 737.00 40 500.00 45 600.00 14 637.00
16	24日	向嘉深公司销售甲产品60台，不含税单价470元/台，销售乙产品70台，不含税单价340元/台，开具增值税专用发票，用现金代垫运费200元，使用预收款支付，余款用支票结算方式收回，票据号：007	1. 在【销售】系统中录入"销售专用发票（注意：代垫）"，再"复核"。 2. 在【销售】系统中录入"收款单"（使用预收）。 3. 在【库存】系统中生成"销售出库单"并"审核"。 4. 在【核算】系统中选择"客户往来制单"中的"发票制单"和"应收单制单"，再选择"核销制单"	① 销售产品 借：应收账款——嘉深公司 　　贷：主营业务收入——甲产品 　　　　主营业务收入——乙产品 　　　　应交税费——应交增值税（销项税额） 　　　　库存现金 ② 使用预收款，余款用支票结算方式收回 借：银行存款 　　贷：应收账款——嘉深公司 　　　　预收账款——嘉深公司	61 040.00 28 200.00 23 800.00 8 840.00 200.00 53 040.00 61 040.00 8 000.00

续表

业务序号	业务日期	业务描述	操作步骤	会计分录
17	25日	收到华发公司偿还的货款，享受2%的现金折扣，支票号：008	1.在【销售】系统中录入"收款单"。 2.在【核算】系统中选择"客户往来制单"中的"核销制单"	借：财务费用——现金折扣　　　　　2 014.74 　　银行存款　　　　　　　　　　　98 722.26 　贷：应收账款——华发公司　　　　100 737.00
18	26日	生产车间生产甲产品领用A材料250千克、B材料300千克，生产乙产品领用A材料150千克、B材料100千克	在【库存】系统中录入"材料出库单"并"审核"	暂不用生成记账凭证
19	26日	向南方公司销售甲产品290台，不含税单价460元/台，收到100 000元部分货款，余款尚欠，享受10%的商业折扣。票据号：009	1.在【销售】系统中录入"销售发票"，并"现结"及"复核"。 2.在【库存】系统中生成"销售出库单"并"审核"。 3.在【核算】系统中选择"客户往来制单"中的"现结制单"	借：应收账款——南方公司　　　　　40 470.20 　　银行存款——建行存款　　　　　100 000.00 　贷：主营业务收入——甲产品　　　120 060.00 　　　应交税费——应交增值税（销项税额）20 410.20
20	28日	收到南方公司商业汇票一张背书转让给华为公司40 470.20元，用于偿还应付账款，多余款用作预付	1.在【销售】系统中选择"客户往来"中的"应收冲应付"。 2.在【核算】系统中选择"客户往来制单"中的"转账制单"	借：应付账款——应付款（华为公司）34 460.00 　　预付账款——华为公司　　　　　6 010.20 　贷：应收账款——南方公司　　　　40 470.20
21	30日	甲产品完工入库100台，乙产品完工入库60台	在【库存】系统中录入"产成品入库单"	暂不用生成记账凭证

续表

业务序号	业务日期	业务描述	操作步骤	会计分录	
22	31日	分配本月工资。生产甲产品工人：13 156元，生产乙产品工人：10 351元，车间管理人员：6 020元、行政管理人员：8 056元，销售部门人员：8 763元	在【总账】系统中制单	借：生产成本——甲产品——直接人工 　　生产成本——乙产品——直接人工 　　制造费用 　　管理费用 　　销售费用 　贷：应付职工薪酬——工资	13 156.00 10 351.00 6 020.00 8 056.00 8 763.00 46 346.00
23	31日	计提本月固定资产折旧费20 864元，其中属于生产车间的折旧费为9 864元、行政管理部门的折旧费为7 848元、销售部门的折旧费为3 152元。	在【总账】系统中制单	借：制造费用 　　管理费用 　贷：累计折旧	9 864.00 11 000.00 20 864.00
24	31日	分配水电费，本月电费共计2 682元，分配金额为：甲产品1 080元、乙产品900元、生产车间480元、行政部门180元、销售部门42元。 本月水费共计1 768元，分配金额为：甲产品726元、乙产品688元、生产车间154元、行政部门126元、销售部门74元	在【总账】系统中制单	借：生产成本——甲产品——直接材料 　　生产成本——乙产品——直接材料 　　制造费用 　　管理费用 　贷：应付账款——应付款（供水公司） 　　应付账款——应付款（供电公司）	1 806.00 1 588.00 634.00 422.00 1 768.00 2 682.00

续表

业务序号	业务日期	业务描述	操作步骤	会计分录	
25	31日	分配制造费用，其中甲产品耗用9 438.80元、乙产品耗用7 079.20元	在【总账】系统中制单	借：生产成本——甲产品——制造费用 　　生产成本——乙产品——制造费用 　贷：制造费用	9 438.80 7 079.20 16 518.00
26	31日	结转本月发出材料成本	1. 对购销存系统进行结账（【核算】系统除外）。 2. 在【核算】系统中进行"月末处理"（只选择原材料）。 3. 在【核算】系统中选择"购销单据制单"	① 上月入库的材料，发票仍未收到，系统自动生成暂估凭证 借：原材料——B材料 　贷：应付账款——暂估应付款 ② 结转本月发出材料成本 借：生产成本——甲产品——直接材料 　　生产成本——乙产品——直接材料 　贷：原材料——A材料 　　　原材料——B材料	10 800.00 10 800.00 139 011.00 95 304.00 94 680.00 139 635.00
27	31日	结转完工产品成本，甲、乙产品月末均无在产品	1. 在【总账】系统中查询"生产成本——甲产品""生产成本——乙产品"明细账的期末余额。 2. 在【核算】→【核算】→【产成品成本分配】中录入查询到的"生产成本——甲产品"的期末余额数，再单击【分配】按钮，完成产成品成本分配。 3. 在【核算】系统中对"成品仓"中的"甲、乙产品入库单"执行"正常单据记账"。 4. 在【核算】系统中选择"购销单据制单	借：库存商品——甲产品 　　库存商品——乙产品 　贷：生产成本——甲产品——直接材料 　　　生产成本——乙产品——直接材料 　　　生产成本——甲产品——直接人工 　　　生产成本——乙产品——直接人工 　　　生产成本——甲产品——制造费用 　　　生产成本——乙产品——制造费用	269 734.80 252 900.20 238 817.00 194 959.00 20 712.00 49 876.00 10 205.80 8 065.20

续表

业务序号	业务日期	业务描述	操作步骤	会计分录	
28	31日	结转已销售产品的成本	1. 在【核算】系统中对"成品仓"中的"销售出库单"执行"正常单据记账"。 2. 对【购销存】各子系统进行月末结账，再对【核算】系统进行月末处理。 3. 在【核算】系统中选择"购销单据制单"	借：主营业务成本——甲产品 　　主营业务成本——乙产品 　贷：库存商品——甲产品 　　库存商品——乙产品	269 354.80 134 453.50 269 354.80 134 453.50
29	31日	计提本月应交的城建税、教育费附加	在【总账】系统中录入记账凭证	借：税金及附加 　贷：应交税费——应交城建税 　　应交税费——应交教育费附加	2 321.27 1 624.89 696.38
30	31日	进行期间损益账户的结转。出纳签字，主管审核凭证、记账并结账	1. 在【总账】系统中选择"月末转账"→"期间损益结转"，生成记账凭证，注意勾选"未审核凭证"。 2. 在【总账】系统中执行"出纳签字"，主管"审核凭证"、"记账"并"结账"	①结转收入类账户的发生额 借：主营业务收入——甲产品 　　主营业务收入——乙产品 　贷：本年利润 ②结转费用类账户的发生额 借：本年利润 　贷：主营业务成本——甲产品 　　主营业务成本——乙产品 　　销售费用 　　管理费用 　　财务费用 　　营业外支出 　　税金及附加	188 760.00 69 400.00 258 160.00 438 725.31 269 354.80 134 453.50 8 763.00 19 478.00 2 014.74 2 340.00 2 321.27
31	31日	调用报表模板，生成资产负债表、利润表	刘阳生成财务报表		

附：综合实训2会计报表参考答案

资产负债表

会小企01表

单位名称：滨海市科技有限公司　　　　2017年8月31日　　　　　　　　　　　　　　　　　　单位：元

资　产	行次	期末余额	年初余额	负债和所有者权益	行次	期末余额	年初余额
流动资产：				流动负债：			
货币资金	1	7 647 378.65	7 420 941.29	短期借款	31		
短期投资	2			应付票据	32		
应收票据	3			应付账款	33	15 250.00	22 500.00
应收账款	4		93 693.60	预收账款	34		
预付账款	5	10 924.20		应付职工薪酬	35		46 346.00
应收股利	6			应交税费	36	65 011.17	39 477.20
应收利息	7			应付利息	37		
其他应收款	8			应付利润	38		
存货	9	545 161.70	783 901.00	其他应付款	39		
其中：原材料	10	98 335.00	211 000.00	其他流动负债	40		
在产品	11		244 901.00	流动负债合计	41	126 607.17	61 977.20
库存商品	12	446 826.70	328 000.00	非流动负债：			
周转材料	13			长期借款	42		
其他流动资产	14			长期应付款	43		
流动资产合计	15	8 203 464.55	8 298 535.89	递延收益	44		

续表

资　产	行次	期末余额	年初余额	负债和所有者权益	行次	期末余额	年初余额
非流动资产：				其他非流动负债	45		
长期债券投资	16			非流动负债合计	46		
长期股权投资	17			负债合计	47	126 607.17	61 977.20
固定资产原价	18	542 583.00	542 583.00				
减：累计折旧	19	136 127.00	115 263.00				
固定资产账面价值	20	406 456.00	427 320.00				
在建工程	21						
工程物资	22						
固定资产清理	23						
生产性生物资产	24			所有者权益（或股东权益）			
无形资产	25			实收资本（或股本）	48	6 500 000.00	6 500 000.00
开发支出	26			资本公积	49	200 000.00	200 000.00
长期待摊费用	27			盈余公积	50	927 000.00	927 000.00
其他非流动资产	28			未分配利润	51	856 313.38	1 036 878.69
非流动资产合计	29	406 456.00	427 320.00	所有者权益（或股东权益）合计	52	8 483 313.38	8 663 878.69
资产总计	30	8 609 920.55	8 725 855.89	负债和所有者权益（或股东权益）总计	53	8 609 920.55	8 725 855.89

利 润 表

会小企02表

单位名称：滨海市科技有限公司　　　　2017年8月

单位：元

项　目	行次	本年累计金额	本月金额
一、营业收入	1	258 160.00	258 160.00
减：营业成本	2	403 808.30	403 808.30
营业税金及附加	3	2 321.27	2 321.27
其中：消费税	4		
营业税	5		
城市维护建设税	6	1 624.89	1 624.89
资源税	7		
土地增值税	8		
城镇土地使用税、房产税、车船税、印花税	9		
教育费附加、矿产资源补偿费、排污费	10	696.38	696.38
销售费用	11	8 763.00	8 763.00
其中：商品维修费	12		
广告费和业务宣传费	13		
管理费用	14	19 478.00	19 478.00
其中：开办费	15		
业务招待费	16		
研究费用	17		

续表

项　　目	行次	本年累计金额	本月金额
财务费用	18	2 014.74	2 014.74
其中：利息费用（收入以"-"号填列）	19		
加：投资收益（损失以"-"号填列）	20		
二、营业利润（亏损以"-"号填列）	21	-178 225.31	-178 225.31
加：营业外收入	22		
其中：政府补助	23		
减：营业外支出	24	2 340.00	2 340.00
其中：坏账损失	25		
无法收回的长期债券投资损失	26		
无法收回的长期股权投资损失	27		
自然灾害等不可抗力因素造成的损失	28	2 340.00	2 340.00
税收滞纳金	29		
三、利润总额（亏损总额以"-"号填列）	30	-180 565.31	-180 565.31
减：所得税费用	31		
四、净利润（净亏损以"-"号填列）	32	-180 565.31	-180 565.31

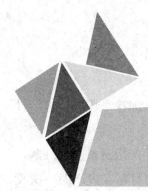
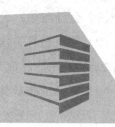

综合实训3——拓展提升能力篇

一、企业基本情况（见表3-1）

表3-1 企业基本情况

企业名称	海珠市创新有限公司（简称：创新公司）
法人代表	胡一
会计主管	王军
住址、邮编	海珠市香海区香悦路55号 519000
电话	2651300
纳税人识别号	440100123456789
开户银行	建行香洲支行
账号	7654321
主营业务	生产销售甲产品、乙产品

二、创新公司采用的会计政策和核算方法

（1）会计政策：公司执行2007年的《企业会计准则》。

（2）存货核算方法：存货采用实际成本核算，发出材料采用移动加权平均法，发出库存商品采用月末一次加权平均法计价，月末一次结转完工产品成本。周转材料采用一次摊销法。

（3）产品成本核算方法：产品成本按品种法核算。该企业有一个基本生产车间，生产甲、乙两种产品。生产用材料全部外购，直接人工和制造费用按产品生产工时比例分配，甲产品生产工时为4 000小时，乙产品生产工时为3 000小时。材料在投产时一次投入，本月生产全部完工，无月末在产品。

（4）税金核算：企业经海珠市国家税务局认定为一般纳税人，增值税税率17%，运费专用发票运费按11%抵扣率抵扣增值税、运杂费按6%抵扣率抵扣增值税，城市维护建设税税率7%，教育费附加费率3%，企业所得税税率25%。

（5）单位成本计算保留两位小数，分配率计算保留四位小数，销售均为不含税价，现金折扣按价税合计数计算。

（6）企业采用的暂估回冲方式为：月初回冲。

三、账套信息

（一）建立账套

1. 账套基本信息

　　账套号：168

　　账套名称：海珠市创新有限公司

　　启用会计期间：2017年6月

2. 单位信息

　　单位名称：海珠市创新有限公司

单位简称：创新公司

单位地址：海珠市香海区香悦路55号

法人代表：胡一

3. 核算类型

企业类型：工业

行业性质：2007年新会计准则

账套主管：王军

是否按行业预置科目：是

4. 基础信息

存货是否分类：是

客户是否分类：否

供应商是否分类：否

有无外币核算：无

5. 分类编码方案

科目编码级次：42222

部门编码级次：12

存货分类编码级次：122

其他：默认

6. 数据精度定义

存货数量小数位：4

换算率小数位：4

其他小数位：2

7. 系统启用【总账】、【核算】、【购销存管理】模块

（二）设置操作员及权限（见表3-2）

表3-2 操作员及权限

操作员编号	操作员姓名	岗位	职责权限
WJ	王军	会计主管	账套主管
LJ	李静	会计员	公用目录设置、总账中除"审核凭证"外的所有权限、现金管理、往来、项目管理、财务报表、核算、应付管理、应收管理
CF	陈帆	业务主管	公用目录设置、应付管理、应收管理、采购管理、销售管理、库存管理、核算
LH	林浩	采购员	采购管理、公用目录设置
YXL	余小璐	销售员	销售管理、公用目录设置
LY	刘阳	仓管员	库存管理、公用目录设置

四、初始设置

（一）部门档案（见表3-3）

表3-3 部门档案

部门编码	部门名称
1	行政部
2	财务部
3	采购部
4	仓库

续表

部门编码	部门名称
401	材料库
402	成品库
403	周转材料库
5	车间
501	基本生产车间
6	专设销售机构

（二）职员档案（见表3-4）

表3-4 职员档案

职员编号	职员名称	职员属性	所属部门
101	华为	经理人员	行政部
102	孙大	管理人员	行政部
201	王军	经理人员	财务部
202	李静	管理人员	财务部
301	陈帆	经理人员	采购部
302	林浩	管理人员	采购部
401	刘阳	管理人员	材料库
402	周正	管理人员	成品库
501	李宏军	车间主任	基本生产车间

续表

职员编号	职员名称	职员属性	所属部门
502	孙华	生产工人	基本生产车间
503	王飞	生产工人	基本生产车间
601	余小璐	销售人员	专设销售机构

（三）客户档案（见表3-5）

表3-5 客户档案

编号	客户名称	简称	税务登记号	开户银行	开户账号
101	海珠市华泰有限公司	华泰公司	4401001234867	建行香华支行	6686884
102	广东省万家有限公司	万家公司	4401001237654	工行宁静支行	6698377
103	深圳市五洲有限公司	五洲公司	4401002378934	建行五洲支行	8864123

（四）供应商档案（见表3-6）

表3-6 供应商档案

编号	供应商名称	简称	税务登记号	开户银行	开户账号
101	广州市黄海有限公司	黄海公司	567868798088	工行海河支行	66346032
102	海珠市长江有限公司	长江公司	457894584256	农行珠江分行	66755377
103	海珠市兴业有限公司	兴业公司	456873642358	建行东风支行	45449466

（五）存货分类（见表3-7）

表3-7 存货分类

1	原材料
2	产成品
3	周转材料
4	其他类

（六）存货档案（见表3-8）

表3-8 存货档案

存货代码	存货名称	存货属性	计量单位	税率/%
101	A材料	外购、生产耗用	千克	17
102	B材料	外购、生产耗用	千克	17
201	甲产品	自制、销售	件	17
202	乙产品	自制、销售	件	17
301	劳保用品	外购、生产耗用	件	17
302	工具	外购、生产耗用	件	17
303	包装箱	外购、生产耗用	个	17
401	运费	外购、销售、劳务费用	元	11
402	运杂费	外购、销售、劳务费用	元	6

（七）项目目录（见表3-9）

表3-9 项目目录

项目大类	核算科目	项目结构	项目分类定义	项目目录
成本对象	5001生产成本	按系统默认	1.产品	1. 甲产品 2. 乙产品
	500101 直接材料	按系统默认		
	500102 直接人工	按系统默认		
	500103 制造费用	按系统默认		
	500104 生产成本转出	按系统默认		

（八）结算方式（见表3-10）

表3-10 结算方式

结算方式编码	结算方式名称	票据管理
1	银行汇票	是
2	转账支票	是
3	现金	否
4	商业汇票	是
5	汇兑	否
6	其他	否

（九）付款条件（见表3-11）

表3-11 付款条件

付款条件编码	付款条件表示	信用天数	优惠天数1	优惠率1	优惠天数2	优惠率2
01	2/10,1/20,N/30	30	10	2	20	1

（十）凭证类别

记账凭证。

（十一）指定科目

指定"库存现金"为现金总账科目；指定"银行存款"为银行总账科目。

（十二）会计科目及期初余额（见表3-12）

表3-12 会计科目及期初余额

科目代码	科目名称	科目类型	账页格式	辅助核算	月初余额 方向	月初余额 金额	备注
1001	库存现金	资产	金额式	日记账	借	12 000.00	
1002	银行存款	资产	金额式	日记账、银行账	借	844 987.50	
1121	应收票据	资产	金额式	客户往来，受控系统：无	借		
1122	应收账款	资产	金额式	客户往来，受控系统：应收	借	193 050.00	详见表3-17
1123	预付账款	资产	金额式	供应商往来，受控系统：应付	借	10 000.00	详见表3-15
1221	其他应收款	资产	金额式		借	-5 567.00	
122101	应收社会保险费	资产	金额式		借	-5 567.00	
122102	应收其他单位款	资产	金额式		借		

续表

科目代码	科目名称	科目类型	账页格式	辅助核算	月初余额 方向	月初余额 金额	备注
1402	在途物资	资产	金额式		借		
140201	A材料	资产	金额式		借		
140202	B材料	资产	金额式		借		
1403	原材料	资产	金额式		借	144 800.00	
140301	A材料	资产	数量金额式	数量核算（千克）	借	58 800.00 单价42.00元/千克 数量1 400千克	详见表3-14
140302	B材料	资产	数量金额式	数量核算（千克）	借	86 000.00 单价86.0元/千克 数量1 000千克	详见表3-14
1405	库存商品	资产	金额式		借	78 400.00	
140501	甲产品	资产	数量金额式	数量核算（件）	借	50 400.00 单价420.00元/件 数量120件	详见表3-14
140502	乙产品	资产	数量金额式	数量核算（件）	借	28 000.00 单价280.00元/件 数量100件	详见表3-14
1411	周转材料	资产	金额式		借		
141101	低值易耗品	资产	金额式		借		

续表

科目代码	科目名称	科目类型	账页格式	辅助核算	月初余额 方向	月初余额 金额	备注
14110101	劳保用品	资产	数量金额式	数量核算（件）	借		
14110102	工具	资产	数量金额式	数量核算（件）	借		
141102	包装物	资产	金额式		借		
14110201	包装箱	资产	数量金额式	数量核算（个）	借		
1601	固定资产	资产	金额式		借		
160101	生产经营用	资产	金额式		借	930 000.00	
160102	非生产经营用	资产	金额式		借	1 500 000.00	
1602	累计折旧	资产	金额式		贷	204 320.00	
1901	待处理资产损溢	资产	金额式		借		
190101	待处理流动资产损溢	资产	金额式		借		
2001	短期借款	负债	金额式		贷	100 000.00	
2501	长期借款	负债	金额式		贷		
2202	应付账款	负债	金额式	供应商往来	贷	57 600.00	
220201	应付账款	负债	金额式	供应商往来，受控系统：应付	贷	46 800.00	详见表3-15
220202	暂估款	负债	金额式	供应商往来，受控系统：无	贷	10 800.00	详见表3-16
2203	预收账款	负债	金额式	客户往来，受控系统：应收	贷		
2211	应付职工薪酬	负债	金额式		贷		

续表

科目代码	科目名称	科目类型	账页格式	辅助核算	月初余额		备注
					方向	金额	
221101	工资	负债	金额式		贷		
221102	职工福利费	负债	金额式		贷		
221103	社会保险费	负债	金额式		贷	23 938.00	
221104	住房公积金	负债	金额式		贷		
2221	应交税费	负债	金额式		贷		
222101	应交增值税	负债	金额式		贷		
22210101	进项税额	负债	金额式		贷		
22210102	销项税额	负债	金额式		贷		
22210103	进项税额转出	负债	金额式		贷		
22210104	已交税金	负债	金额式		贷		
22210105	转出未交增值税	负债	金额式		贷		
222102	未交增值税	负债	金额式		贷	13 200.00	
222103	应交所得税	负债	金额式		贷	38 000.00	
222104	应交个人所得税	负债	金额式		贷	1 737.10	
222105	应交城建税	负债	金额式		贷	2 310.00	
222106	应交教育费附加	负债	金额式		贷	1 300.00	
2241	其他应付款	负债	金额式		贷		
4001	实收资本	权益	金额式		贷	1 500 000.00	

续表

科目代码	科目名称	科目类型	账页格式	辅助核算	月初余额		备注
					方向	金额	
4002	资本公积	权益	金额式		贷	436 355.00	
4101	盈余公积	权益	金额式		贷	627 095.40	
4103	本年利润	权益	金额式		贷	181 527.00	
4104	利润分配	权益	金额式		贷		
410401	未分配利润	权益	金额式		贷	551 688.00	
5001	生产成本	成本	金额式	项目核算	借		详见表3-13
500101	直接材料	成本	金额式	项目核算	借	20 920.00	
500102	直接人工	成本	金额式	项目核算	借	9 780.00	
500103	制造费用	成本	金额式	项目核算	借	700.00	
500104	生产成本转出	成本	金额式	项目核算	借		
5101	制造费用	成本	金额式		借		
510101	材料费	成本	金额式		借		
510102	人工费	成本	金额式		借		
510103	折旧费	成本	金额式		借		
510104	其他费用	成本	金额式		借		
6001	主营业务收入	损益	金额式		贷		
600101	甲产品	损益	数量金额式	数量核算（件）	贷		
600102	乙产品	损益	数量金额式	数量核算（件）	贷		

续表

科目代码	科目名称	科目类型	账页格式	辅助核算	月初余额		备注
					方向	金额	
6051	其他业务收入	损益	金额式		贷		
6403	税金及附加	损益	金额式		借		
6401	主营业务成本	损益	金额式		借		
640101	甲产品	损益	数量金额式	数量核算（件）	借		
640102	乙产品	损益	数量金额式	数量核算（件）	借		
6402	其他业务成本	损益	金额式		借		
6601	销售费用	损益	金额式		借		
6602	管理费用	损益	金额式		借		
660201	人工费	损益	金额式		借		
660202	折旧费	损益	金额式		借		
660203	材料费	损益	金额式		借		
660204	其他费用	损益	金额式		借		
6603	财务费用	损益	金额式		借		
6711	营业外支出	损益	金额式		借		

其中，生产成本期初余额（见表3-13）：

表3-13 生产成本期初余额

项目	方向	金额	明细
甲产品	借	22 500.00	直接材料 14 080.00 直接人工 8 020.00 制造费用 400.00
乙产品	借	8 900.00	直接材料 6 840.00 直接人工 1 760.00 制造费用 300.00

库存期初余额（见表3-14）：

表3-14 库存期初余额

存货编码	存货名称	计量单位	数量	单价	金额
101	A材料	千克	1 400	42.00	58 800.00
102	B材料	千克	1 000	86.00	86 000.00
201	甲产品	件	120	420.00	50 400.00
202	乙产品	件	100	280.00	28 000.00

供应商往来期初余额（见表3-15）：

表3-15 供应商往来期初余额

单据类型	单据日期	发票号	供应商	科目	方向	存货名称	数量	单价	金额	摘要
专用发票	2017-5-29	65823	黄海公司	220201	贷	A材料	1 000	40.00	46 800.00	购料
预付款	2017-5-26		兴业公司	1123	借	B材料			10 000	预付货款

采购入库单期初余额（见表3-16）：

表3-16 采购入库单期初余额

单据类型	单据日期	供应商	科目	方向	存货名称	数量	单价	金额	摘要
暂估款	2017-5-31	长江公司	220202	贷	B材料	120	90.00	10 800.00	购料

客户往来期初余额（见表3-17）：

表3-17 客户往来期初余额

单据类型	单据日期	发票号	供应商	科目	方向	存货名称	数量	单价	金额	摘要
专用发票	2017-5-25	863455	万家公司	1122	借	甲产品	300	550.00	193 050.00	销售甲产品

（十三）购销存设置

选项参数设置：核算方式——按仓库核算；暂估方式——月初回冲；销售成本核算方式——按销售出库单；进项税转出科目——进项税额转出；销售设置——销售生成出库单。

1. 仓库档案（见表3-18）

表3-18 仓库档案

仓库编码	仓库名称	所属部门	计价方式	是否货位管理
01	原材料仓	材料库	移动加权平均法	否
02	成品仓	产成品库	全月加权平均法	否
03	周转材料仓	周转材料库	移动加权平均法	否

2. 收发类别（见表3-19）

表3-19 收发类别

类别编号	类别名称	收发标志
1	入库类别	收
11	采购入库	收
12	产成品入库	收
121	甲产品入库	收
122	乙产品入库	收
13	退料入库	收
14	半成品入库	收
15	其他入库	收
151	材料暂估入库	收

续表

类别编号	类别名称	收发标志
152	盘盈入库	收
2	出库类别	发
21	销售出库	发
22	材料出库	发
221	生产产品用料	发
222	车间一般用料	发
223	行政管理用料	发
224	销售部门用料	发
225	材料销售出库	发
25	其他出库	发
251	盘亏出库	发

3．设置费用项目（见表3-20）

表3-20　费用项目

1	运费
2	杂费

4. 核算科目设置
(1) 存货科目设置（见表3-21）:

表3-21 存货科目设置

仓库编码	仓库名称	存货分类编码	存货分类名称	科目编码	科目名称
01	原料仓	1	原材料	140301	原材料——A材料
02	成品仓	2	产成品	140501	库存商品——甲产品
03	周转材料仓	3	周转材料	14110201	包装箱

(2) 存货对方科目设置（见表3-22）:

表3-22 存货对方科目设置

收发类别编码	收发类别名称	对方科目编码	对方科目名称
11	采购入库	140201	在途物资/A材料
121	甲产品入库	500104	生产成本转出
122	乙产品入库	500104	生产成本转出
151	材料暂估入库	220202	暂估款
152	盘盈入库	190101	待处理流动资产损溢
21	销售出库	640101	主营业务成本——甲产品
221	生产产品用料	500101	生产成本——直接材料费
222	车间一般用料	510101	制造费用——材料费
223	行政管理用料	660203	管理费用——材料费
224	销售机构用料	6601	销售费用

续表

收发类别编码	收发类别名称	对方科目编码	对方科目名称
225	材料销售出库	6402	其他业务成本
251	盘亏出库	190101	待处理流动资产损溢

（3）客户往来科目设置（见表3-23）：

表3-23 客户往来科目设置

科目种类	科目名称	科目编码
基本科目设置	应收科目	1122
	销售收入科目	600101
	应交增值税科目	22210102
	销售退回	600101
	现金折扣	6603
	预收科目	2203
科目种类	结算方式	科目编码
结算方式科目设置	现金	1001
	支票	1002
	汇兑	1002
	银行汇票	1002
	商业汇票	1121
	其他	1002

（4）供应商往来科目设置（见表3-24）：

表3-24 供应商往来科目设置

科目种类	科目名称	科目编码
基本科目设置	应付科目	220201
	采购科目	140201
	采购税金科目	22210101
	现金折扣	6603
	预付科目	1123
科目种类	结算方式	科目编码
结算方式科目设置	现金	1001
	支票	1002
	汇兑	1002
	银行汇票	1002
	商业汇票	2201
	其他	1002

注意事项：

①采购及销售业务范围设置：勾上"现金折扣是否显示"。

②基础设置的"单据设计"：对"材料出库单"增设"项目编码""项目大类编码"栏目。

③采购费用（运杂费）按数量分配，现金折扣按价税合计数计算。

五、2017年6月创新公司经济业务账务处理（表3-25）

操作员使用说明：采购员林浩填制采购系统的相关原始单据，审核采购订单，进行采购结算；业务主管陈帆负责复核采购原始单据及销售出库单的审核，并进行收款单、付款单的操作；销售员余小璐负责"销售管理"所有单据的操作；仓管员刘阳主要负责填制、审核产成品入库单及材料出库单；会计员李静操作核算系统单据记账、所有业务的制单；会计主管王军审核凭证、记账。

表3-25 创新公司经济业务账务处理

业务序号	业务日期	业务描述	业务操作流程指导	会计分录答案	
1	1日	上月末的暂估款月初回冲	李静在【核算】系统中选择"购销单据制单"中的"填制红字回冲单"	借：原材料——B材料 　　贷：应付账款——暂估款	10 800.00 10 800.00
2	2日	收到万家公司5月25日所欠的商品款193 050.00元；转账支票号：432678	1. 陈帆在【销售】系统中录入"收款单"。 2. 李静在【核算】系统中选择"客户往来制单"中的"核销制单"	借：银行存款 　　贷：应收账款——万家公司	193 050.00 193 050.00
3	2日	采购员林浩与长江公司签订订购协议，采购A材料600千克，不含税单价为45元/千克，增值税税率17%，计划到货日期为6月7日	林浩在【采购】系统中填制并审核"采购订单"	暂不需生成记账凭证	
4	3日	用转账支票偿还上月所欠黄海公司货款46 800.00元，支票号：345267	1. 陈帆在【采购】系统录入"付款单"。 2. 李静在【核算】系统选择"供应商往来制单"中的"核销制单"	借：应付账款——应付账款（黄海公司） 　　贷：银行存款	46 800.00 46 800.00

续表

业务序号	业务日期	业务描述	业务操作流程指导	会计分录答案
5	4日	采购员林浩与黄海公司签订订购协议，采购B材料500千克，不含税单价为95元/千克，增值税税率17%，计划到货日期为6月9日	林浩在【采购】系统中填制并审核"采购订单"	暂不需生成记账凭证
6	5日	领用材料用于生产甲、乙产品。生产甲产品领用A材料500千克、B材料600千克，生产乙产品领用A材料800千克、B材料100千克	1. 刘阳在【库存】系统中填制并审核"材料出库单"。 2. 李静在【核算】系统中执行"正常单据记账"，再选择"购销单据制单"	借：生产成本——直接材料——甲产品　72 270.00 　　生产成本——直接材料——乙产品　42 146.00 　贷：原材料——A材料　54 600.00 　　　原材料——B材料　59 816.00
7	6日	销售员余小璐和华泰公司签订销售合同，销售甲产品100件，每件不含税单价650元，预发货日期为6月9日，同时，与万家公司签订销售合同，销售乙产品90件，每件不含税单价510元，收到万家公司电汇方式预付的订金16 110.90元，预发货日期为6月10日	1. 余小璐在【销售】系统中填制、审核"销售订单"，且做预收。 2. 李静在【核算】系统选择"客户往来制单"中的"核销制单"	借：银行存款　16 110.90 　贷：预收账款——万家公司　16 110.90

续表

业务序号	业务日期	业务描述	业务操作流程指导	会计分录答案	
8	6日	采购员林浩与兴业公司签订订购协议,采购A材料500千克,不含税单价为45元/千克,B材料600千克,不含税单价为95元/千克,增值税税率17%,计划到货日期6月17日	林浩在【采购】系统中填制并审核"采购订单"	无	
9	7日	2日向长江公司签订的采购订单如期到货,600千克A材料已验收入库,收到采购增值税专用发票(发票号:1001)及运费专用发票(发票号:2001),运费发票上注明运费400元,可抵扣11%的增值税进项税额,运杂费100元,可抵扣6%的增值税进项税额,款项未付(运费及运杂费由供应商代垫),采购增值税专用发票付款条件为(2/10,1/20,N/30)	1.林浩在【采购】系统中生成"采购专用发票""采购入库单"(注意:选择付款条件)。 2.陈帆在【采购】系统中复核"采购发票"。 3.林浩在【采购】系统中执行"采购结算"。 4.陈帆在【库存】系统中审核"采购入库单"。 5.李静在【核算】系统中执行"正常单据记账",再选择"购销单据制单"。 注意:打开"未生成凭证单据一览表"时,将"已结算采购入库单…"(在菜单栏处)处的复选框打钩	借:原材料——A材料 应交税费——应交增值税(进项税额) 贷:应付账款——应付账款(长江公司)	27 500.00 4 640.00 32 140.00
10	8日	以转账支票支付7日收到的长江公司A材料货款,共计31 508.20元,支票号为:345269。注意:现金折扣按价税合计数计算,不包含运费、运杂费	1.陈帆在【采购】系统中录入"付款单"。 2.李静在【核算】系统选择"供应商往来制单"中的"核销制单"	借:应付账款——应付账款(长江公司) 财务费用 贷:银行存款	32 140.00 631.80 31 508.20

续表

业务序号	业务日期	业务描述	业务操作流程指导	会计分录答案
11	8日	收到4日黄海公司订购B材料的增值税专用发票（发票号：1002）、运费专用发票（发票号：2002），用转账支票支付货款，材料尚未到达。B材料500千克，不含税单价为95元/千克，增值税税率17%；运费200元，运费增值税税率11%。转账支票号：345270	1. 林浩在【采购】系统中生成"采购专用发票"、录入"运费专用发票"，并"现付"。 2. 陈帆在【采购】系统中复核发票。 3. 李静在【核算】系统中选择"供应商往来制单"中的"现结制单"	借：在途物资——B材料　　47 700.00 　　应交税费——应交增值税（进项税额）　8 097.00 贷：银行存款　　55 797.00
12	9日	4日向黄海公司订购的B材料500千克到货，经验收，入库数量实际为498千克，发生定额内合理损耗2千克	1. 林浩在【采购】系统中生成"采购入库单"，注意：由采购订单流转生成，数量改为498。 2. 林浩进行"采购结算"→"手工结算"，在进入分摊运费后的"手工结算"窗口，将对应的"合理损耗数量"修改为2。 3. 陈帆在【库存】系统中审核"采购入库单"。 4. 李静在【核算】系统中执行"正常单据记账"，再选择"购销单据制单"	借：原材料——B材料　　47 700.00 贷：在途物资——B材料　　47 700.00
13	9日	将6日华泰公司订购的甲产品100件发货，开出增值税专用发票（票据号：16801），电汇方式收到全部货款（票据号：001）	1. 余小璐在【销售】系统中根据订单生成并审核"发货单"。 2. 余小璐根据发货单流转生成并复核"销售专用发票（现结）"。 3. 陈帆审核"销售出库单"。 4. 李静在【核算】系统中选择"客户往来制单"中的"现结制单"	借：银行存款　　76 050.00 贷：主营业务收入——甲产品　　65 000.00 　　应交税费——应交增值税（销项税额）　11 050.00

续表

业务序号	业务日期	业务描述	业务操作流程指导	会计分录答案
14	10日	完工产品入库，甲产品入库220件，乙产品入库180件	刘阳在【库存】系统中录入"产成品入库单"并"审核"	暂不用生成记账凭证
15	10日	将6日万家公司订购的乙产品90件发货，开出增值税专用发票（票据号：16802），使用预付款16 110.90元，余款未收到	1. 余小璐在【销售】系统中根据订单生成并审核"发货单"。 2. 余小璐根据"发货单"流转生成并审核"销售专用发票"。 3. 陈帆在【库存】系统中审核"销售出库单"。 4. 陈帆在【销售】系统"客户往来"中进行"预收冲应收"的操作。 5. 李静在【核算】系统中选择"客户往来制单"中的"发票制单"。 6. 李静在【核算】系统中选择"客户往来制单"中的"转账制单"	① 销售产品 借：应收账款——万家公司　　53 703.00 　　贷：主营业务收入——乙产品　　45 900.00 　　　　应交税费——应交增值税（销项税额）　　7 803.00 ② 预收冲应收 贷：预收账款——万家公司　　16 110.90 贷：应收账款——万家公司　　16 110.90
16	11日	转账支票方式收到万家公司6日订购乙产品的余款。转账支票号：23456	1. 陈帆在【销售】系统中录入"收款单"。 2. 李静在【核算】系统选择"客户往来制单"中的"核销制单"	借：银行存款　　37 592.10 　　贷：应收账款——万家公司　　37 592.10
17	12日	与长江公司签订采购A材料的购货合同，计划采购A材料550千克，不含税单价为42元/千克，增值税率17%，合同约定自签订合同之日使用转账支票预付货款8 000.00元（票据号：002），运费由销售方承担。计划到货日期为6月20日	1. 林浩在【采购】系统中填制并审核"采购订单"（注意：单击"订金"，填好预付订金信息）。 2. 李静在【核算】系统中选择"供应商往来制单"中的"核销制单"	借：预付账款——长江公司　　8 000.00 　　贷：银行存款　　8 000.00

续表

业务序号	业务日期	业务描述	业务操作流程指导	会计分录答案	
18	14日	9日销售给华泰公司的100件甲产品有3件不符合规定被退回。退回的产品已入库。开具红字增值税专用发票，发票号：16803	1. 余小璐在【销售】系统中填制并审核"红字退货单"。注意：在退货单中录入数量"-3"。 2. 余小璐生成并审核"红字销售专用发票"。 3. 陈帆在【库存】系统中审核"销售出库单"。 4. 李静在【核算】系统中选择"客户往来制单"中的"发票制单"	借：应收账款——华泰公司 　　贷：主营业务收入——甲产品 　　　　应交税费——应交增值税（销项税额）	-2 281.50 -1 950.00 -331.50
19	15日	转账支付社会保险费，其中代扣职工的部分为5 567.00元，企业负担部分为23 938.00元	李静在【总账】系统中制单	借：其他应收款——应收社会保险 　　应付职工薪酬——应付社会保险费 　　贷：银行存款	5 567.00 23 938.00 29 505.00
20	15日	上交税费，应交增值税13 200.00元，应交所得税38 000.00元，应交个人所得税737.10元，应交城建税2 310.00元，应交教育费附加1 300.00元	李静在【总账】系统中制单	借：应交税费——未交增值税 　　应交税费——应交所得税 　　应交税费——应交个人所得税 　　应交税费——应交城建税 　　应交税费——应交教育费附加 　　贷：银行存款	13 200.00 38 000.00 737.10 2 310.00 1 300.00 55 547.10
21	16日	收到上月31日采购长江公司B材料的增值税专用发票，120千克，不含税单价90元/千克，增值税税率17%。发票号：1006	1. 林浩在【采购】系统中录入"采购专用发票"。 2. 陈帆复核"采购发票"。 3. 林浩在【采购】系统中进行"采购结算"。 4. 李静在【核算】系统中进行"暂估成本处理"。 5. 李静在【核算】系统中选择"购销单据制单"	借：原材料——B材料 　　应交税费——应交增值税（进项税额） 　　贷：应付账款——应付账款（长江公司）	10 800.00 1 836.00 12 636.00

续表

业务序号	业务日期	业务描述	业务操作流程指导	会计分录答案	
22	17日	6日向兴业公司订购的A材料、B材料均已到货,已验收入库,收到兴业公司增值税专用发票(发票号:1003),以及运费专用发票(发票号:2003)。A材料500千克,不含税单价为45元/千克,B材料600千克,不含税单价为95元/千克,增值税税率17%;运费550元,运费增值税税率11%。使用预付款10 000.00元,余款使用电汇方式付讫	1. 林浩在【采购】系统中根据"采购订单"流转生成"采购入库单"和"采购专用发票"。 2. 林浩录入"运费发票"。 3. 陈帆在【采购】系统中复核"发票"。 4. 林浩进行"采购结算"。 5. 陈帆在【库存】系统中审核"采购入库单"。 6. 李静在【核算】系统中执行"正常单据记账"。 7. 李静在【核算】系统中选择"购销单据制单"。 8. 陈帆在【采购】系统的"付款结算"中录入付款单(使用预付款)。 9. 李静在【核算】系统中选择"供应商往来制单"中的"核销制单"	① 购入材料 借:原材料——A材料 　　原材料——B材料 　　应交税费——应交增值税(进项税额) 　贷:应付账款——应付账款(兴业公司) ② 支付货款 借:应付账款——应付账款(兴业公司) 　　预付账款——兴业公司 　贷:银行存款	22 750.00 57 300.00 13 575.50 93 625.50 93 625.50 10 000.00 83 625.50
23	18日	领用材料用于生产甲、乙产品。生产甲产品领用A材料200千克、B材料300千克,生产乙产品领用A材料300千克、B材料150千克	1. 刘阳在【库存】系统中录入"材料出库单"。 2. 李静在【核算】系统中执行"正常单据记账",再选择"购销单据制单"	借:生产成本——甲产品——直接材料 　　生产成本——乙产品——直接材料 　贷:原材料——A材料 　　原材料——B材料	37 228.00 27 687.00 22 687.00 42 228.00
24	19日	销售部与五洲公司签订销售订单(订单编号003),销售甲产品150件,不含税单价660元/件,同日发货;公司开具增值税专用发票(发票号:16804),合同约定付款条件为(2/10, 1/20, N/30),现金折扣按价税合计数计算	1. 余小璐在【销售】系统中填制"销售单",生成"发货单"和"销售专用发票"并"审核"。 2. 陈帆在【库存】系统中审核"销售出库单"。 3. 李静在【核算】系统中选择"客户往来制单"中的"发票制单"	借:应收账款——五洲公司 　贷:主营业务收入——甲产品 　　应交税费——应交增值税(销项税额)	115 830.00 99 000.00 16 830.00

续表

业务序号	业务日期	业务描述	业务操作流程指导	会计分录答案
25	20日	12日向长江公司订购的A材料550千克到货，已验收入库，收到增值税专用发票（发票号：1004），不含税单价为42元/千克，增值税率17%，用12日的预付款8 000元抵付部分货款，其余货款暂欠。票据号：003	1. 林浩在【采购】系统中生成"采购专用发票"和"采购入库单"。 2. 陈帆在【采购】系统中复核"发票"。 3. 林浩进行"采购结算"。 4. 陈帆在【库存】系统中审核"采购入库单"。 5. 李静在【核算】系统中执行"正常单据记账"，再选择"购销单据制单"。 6. 陈帆在【采购】系统中选择"供应商往来"中的"预付冲应付"。 7. 李静在【核算】系统中选择"供应商往来制单"中的"转账制单"	① 购入材料 借：原材料——A材料　　　　　　　　　23 100.00 　　应交税费——应交增值税（进项税额）　3 927.00 　　贷：应付账款——应付账款（长江公司）　27 027.00 ② 预付冲应付 借：应付账款——应付账款（长江公司）　8 000.00 　　贷：预付账款——长江公司　　　　　　　8 000.00
26	21日	收到五洲公司开出的转账支票支付19购买甲产品的货款，票据号：222	1. 陈帆在【销售】系统中录入"收款单"。 2. 李静在【核算】系统中选择"客户往来制单"中的"核销制单"	借：银行存款　　　　　　　　　　　113 513.40 　　财务费用　　　　　　　　　　　　2 316.60 　　贷：应收账款——五洲公司　　　　115 830.00
27	22日	向长江公司采购A材料600千克，不含税单价为42元/千克，增值税率17%，当日收到增值税专用发票（发票号：1007），以及运费发票（发票号：2005），运费200元，运费增值税税率11%。收到货物验收入库时，发现材料损坏10千克，经查为本公司的责任，经批准，全部转入管理费用	1. 林浩在【采购】系统中录入"采购专用发票""运费发票"和"材料入库单"。 2. 陈帆在【采购】系统中复核"发票"。 3. 林浩在【采购】系统中进行"采购结算"。 注意：填制非合理损耗数量和金额，金额要在发票中查询。 4. 陈帆在【库存】系统中审核"采购入库单"。 5. 李静在【核算】系统中执行"正常单据记账"，再选择"购销单据制单"。 6. 李静在【总账】系统中填制审批后的非合理损耗凭证	① 购入材料，发生损耗，原因待查。 借：原材料——A材料　　　　　　　　　24 980.00 　　待处理财产损溢　　　　　　　　　　　491.40 　　应交税费——应交增值税（进项税额）　4 306.00 　　应交税费——应交增值税（进项税额转出）　71.40 　　贷：应付账款——应付账款（长江公司）　29 706.00 ② 转销批准处理后的非合理损耗 借：管理费用——其他费用　　　　　　　491.40 　　贷：待处理财产损溢　　　　　　　　　491.40

续表

业务序号	业务日期	业务描述	业务操作流程指导	会计分录答案
28	23日	销售员余小璐与万家公司签订销售合同（订单编号004），销售甲产品80件，不含税单价680元/件，赠送1件甲产品给万家公司，预发货日期为6月27日；与华泰公司签订销售合同（订单编号005），销售乙产品150件，不含税单价为500元/件，给予2%的商业折扣，收到华泰公司电汇方式预付的30%的订金25798.50元（票据号：004），预发货日期为6月25日。	1. 余小璐在【销售】系统中录入两张销售订单（注意：华泰公司的订单，需要在"报价"列录入"500"、"扣率"列中录入"98"，再录入"订金"），再"审核"订单。 2. 李静在【核算】系统中选择"客户往来制单"中的"核销制单"	借：银行存款　　　　　　　　　　25 798.50 　　贷：预收账款——华泰公司　　　25 798.50
29	25日	将23日华泰公司订购的乙产品150件发货，开出增值税专用发票（票号16805），给予2%的商业折扣，用现金代垫运费300元；使用预收款25 798.50元，电汇方式收回余款60 496.50元	1. 余小璐在【销售】系统中生成"发货单"及"销售专用发票"，并单击"代垫"按钮录入代垫运费。 2. 陈帆在【销售】系统中审核"销售专用发票"及"代垫运费单"。 3. 陈帆在【销售】系统中录入"收款单"。 4. 陈帆在【库存】系统中生成"销售出库单"并"审核"。 5. 李静在【核算】系统中选择"客户往来制单"中的"发票制单""应收单制单"及"核销制单"	① 销售产品 借：应收账款——华泰公司　　　　86 295.00 　　贷：主营业务收入——乙产品　　　73 500.00 　　　　应交税费——应交增值税（销项税额）　12 495.00 　　　　库存现金　　　　　　　　　　300.00 ② 收回货款 借：银行存款　　　　　　　　　　60 496.50 　　预收账款——华泰公司　　　　25 798.50 　　贷：应收账款——华泰公司　　　86 295.00

续表

业务序号	业务日期	业务描述	业务操作流程指导	会计分录答案
30	27日	将23日万家公司订购的甲产品80件及1件赠品发货，开出增值税专用发票（票号16806），并收到银行存款，结算方式：电汇	1. 余小璐在【销售】系统中生成"发货单"及"销售专用发票"，并审核。 2. 陈帆在【库存】系统中生成"销售出库单"并"审核"。 3. 李静在【核算】系统中选择"客户往来制单"中的"现结制单"（注意：生成凭证时，插入借方分录"营业外支出"，并修改"银行存款"金额）	借：银行存款　　　　　　　　　　63 648.00 　　营业外支出　　　　　　　　　　795.60 　贷：主营业务收入——甲产品　　　55 080.00 　　　应交税费——应交增值税（销项税额）　9 363.60
31	28日	收到供水公司及供电公司的水电费增值税专用发票，本月电费不含税金额为2 682元，增值税税率为17%；水费不含税金额为1 768元，增值税税率13%，以转账方式支付	李静在【总账】系统中制单。 注意：要增加"应付账款"二级明细科目	① 支付电费 借：应付账款——供电公司　　　　2 682.00 　　应交税费——应交增值税（进项税额）　455.94 　贷：银行存款　　　　　　　　　　3 137.94 ② 支付水费 借：应付账款——供水公司　　　　1 768.00 　　应交税费——应交增值税（进项税额）　229.84 　贷：银行存款　　　　　　　　　　1 997.84
32	30日	分配水电费，本月电费共计2 682元，分配金额为：甲产品1 080、乙产品900元、生产车间480元、行政部门180元、专设销售机构42元。 本月水费共计1 768元，分配金额为：甲产品726元、乙产品688元、生产车间154元、行政部门126元、专设销售机构74元	李静在【总账】系统中制单	① 分配电费 借：生产成本——甲产品——直接材料　1 080.00 　　生产成本——乙产品——直接材料　　900.00 　　制造费用——其他费用　　　　　480.00 　　管理费用——其他费用　　　　　180.00 　　销售费用　　　　　　　　　　　42.00 　贷：应付账款——供电公司　　　　2 682.00

续表

业务序号	业务日期	业务描述	业务操作流程指导	会计分录答案	
32	30日	分配水电费，本月电费共计2 682元，分配金额为：甲产品1 080元、乙产品900元、生产车间480元、行政部门180元、专设销售机构42元。本月水费共计1 768元，分配金额为：甲产品726元、乙产品688元、生产车间154元、行政部门126元、专设销售机构74元	李静在【总账】系统中制单	②分配水费 借：生产成本——甲产品——直接材料 　　生产成本——乙产品——直接材料 　　制造费用——其他费用 　　管理费用——其他费用 　　销售费用 　贷：应付账款——供水公司	726.00 688.00 154.00 126.00 74.00 1 768.00
33	30日	分配本月工资及计提社会保险费。分配工资：生产甲产品工人23 156元，生产乙产品工人20 351元，车间管理人员6 020元，行政管理人员38 056元，专设销售机构人员18 763元。计提社会保险费：生产甲产品工人7 178.36元，生产乙产品工人6 308.81元，车间管理人员1 866.20元，行政管理人员11 797.36元，专设销售机构人员5 816.53元	李静在【总账】系统中制单	①分配工资 借：生产成本——甲产品——直接人工 　　生产成本——乙产品——直接人工 　　制造费用——人工费 　　管理费用——人工费 　　销售费用 　贷：应付职工薪酬——工资 ②分配社会保险费 借：生产成本——甲产品——直接人工 　　生产成本——乙产品——直接人工 　　制造费用——人工费 　　管理费用——人工费 　　销售费用 　贷：应付职工薪酬——社会保险费	23 156.00 20 351.00 6 020.00 38 056.00 18 763.00 106 346.00 7 178.36 6 308.81 1 866.20 11 797.36 5 816.53 32 967.26

续表

业务序号	业务日期	业务描述	业务操作流程指导	会计分录答案
34	30日	计提本月固定资产折旧费40 864元，其中属于生产车间的折旧费为15 356元、行政管理部门的折旧费为22 356元、专设销售机构的折旧费为3 152元	李静在【总账】系统中制单	借：制造费用——折旧费　　　　　15 356.00 　　管理费用——折旧费　　　　　22 356.00 　　销售费用　　　　　　　　　　3 152.00 　贷：累计折旧　　　　　　　　　40 864.00
35	30日	计算、结转本月应缴纳的增值税，计提本月应交的城市维护建设税及教育费附加费	李静在【总账】系统中查询并制单	①转出未交增值税 借：应交税费——应交增值税（转出未交增值税）20 214.22 　贷：应交税费——未交增值税　　20 214.22 ②计提本月应交的城建税和教育费附加 借：税金及附加　　　　　　　　　2 021.43 　贷：应交税费——应交城建税　　1 415.00 　　　应交税费——应交教育费附加　606.43
36	30日	按生产工时分配本月制造费用，甲产品生产工时为4 000小时，乙产品生产工时为3 000小时	李静在【总账】系统中查询并制单。注意：制造费用可以使用"自定义转账"结转	借：生产成本——甲产品——制造费用　13 643.60 　　生产成本——乙产品——制造费用　10 232.60 　贷：制造费用——人工费　　　　　7 886.20 　　　制造费用——折旧费　　　　15 356.00 　　　制造费用——其他费用　　　　634.00
37	30日	甲产品完工入库260件，乙产品完工入库380件。结转完工产品成本。甲、乙产品月末均无在产品	1. 刘阳在【库存】系统中录入"产成品入库单"并审核。注意：不用记账。 2. 李静在【核算】系统中进行"产成品成本分配"。 3. 李静在【核算】系统中执行"正常单据记账"，再选择"购销单据制单"	借：库存商品——甲产品　　　　　177 781.96 　　库存商品——乙产品　　　　　117 213.41 　贷：生产成本——生产成本转出——甲产品　177 781.96 　　　生产成本——生产成本转出——乙产品　117 213.41

续表

业务序号	业务日期	业务描述	业务操作流程指导	会计分录答案
38	30日	结转已销售产品的成本	陈帆对【采购】、【销售】、【库存】各系统结账，对【核算】系统进行月末处理；李静在【核算】系统中选择"购销单据制单"	借：主营业务成本——甲产品　　124 738.40 　　主营业务成本——乙产品　　 52 804.80 贷：库存商品——甲产品　　　　124 738.40 　　库存商品——乙产品　　　　 52 804.80
39	30日	进行期间损益账户的结转，计算企业所得税（税率25%）	李静在【总账】系统中查询并制单。 注意：先做期间损益查看本年利润金额，不保存，退出；再用本年利润×0.25得出企业所得税费用，做所得税费用的分录，然后结转期间损益	① 结转所得税费用 借：所得税费用　　　　　　　　13 407.67 　　贷：应交税费——应交所得税　13 407.67 ② 结转费用类损益账户的发生额 借：本年利润　　　　　　　　296 306.99 　　贷：主营业务成本——甲产品　124 738.40 　　　　主营业务成本——乙产品　 52 804.80 　　　　税金及附加　　　　　　　2 021.43 　　　　销售费用　　　　　　　　27 847.53 　　　　管理费用——人工费　　　49 853.36 　　　　管理费用——折旧费　　　22 356.00 　　　　管理费用——其他费用　　　 797.40 　　　　财务费用　　　　　　　　 1 684.80 　　　　营业外支出　　　　　　　　 795.60 　　　　所得税费用　　　　　　　13 407.67 ③ 结转收入类损益账户的发生额 借：主营业务收入——甲产品　217 130.00 　　主营业务收入——乙产品　119 400.00 　　贷：本年利润　　　　　　　336 530.00

续表

业务序号	业务日期	业务描述	业务操作流程指导	会计分录答案
40	30日	对各系统进行结账	王军在【总账】系统中审核凭证并记账	无
41	30日	调用报表模板,生成资产负债表、利润表	王军生成资产负债表、利润表	注意"资产负债表"中的往来款项账户应根据明细账户分析填列

附：综合实训3的会计报表参考答案

资产负债表

会企01表

单位名称：海珠市创新有限公司　　2017年6月30日　　　　　　　　　　　　　　　　　　单位：元

资　　产	期末余额	年初余额	负债及所有者权益（或股东权益）	期末余额	年初余额
流动资产：			流动负债：		
货币资金	1 127 028.32	856 987.50	短期借款	100 000.00	100 000.00
交易性金融资产			交易性金融负债		
应收票据			应付票据		
应收账款		193 050.00	应付账款	61 369.00	57 600.00
预付款项		10 000.00	预收款项	2 281.50	
应收利息			应付职工薪酬	139 313.26	23 938.00
应收股利			应交税费	36 643.32	56 547.10
其他应收款		−5 567.00	应付利息		
存货	364 651.17	254 600.00	应付股利		
一年内到期的非流动资产			其他应付款		
其他流动资产			一年内到期的非流动负债		
流动资产合计	1 491 679.49	1 309 070.50	其他流动负债		
非流动资产：			流动负债合计	339 607.08	238 085.10
可供出售金融资产			非流动负债：		

续表

资　产	期末余额	年初余额	负债及所有者权益（或股东权益）	期末余额	年初余额
持有至到期投资			长期借款		
长期应收款			应付债券		
长期股权投资			长期应付款		
投资性房地产			专项应付款		
固定资产	2 184 816.00	2 225 680.00	预计负债		
在建工程			递延所得税负债		
工程物资			其他非流动负债		
固定资产清理			非流动负债合计		
生产性生物资产			负债合计	339 607.08	238 085.10
油气资产			所有者权益（或股东权益）：		
无形资产			实收资本（或股本）	1 500 000.00	1 500 000.00
开发支出			资本公积	436 355.00	436 355.00
商誉			减：库存股		
长期待摊费用			盈余公积	627 095.40	627 095.40
递延所得税资产			未分配利润	773 438.01	733 215.00
其他非流动资产			所有者权益（或股东权益）合计	3 336 888.41	3 296 665.40
非流动资产合计	2 184 816.00	2 225 680.00			
资产总计	3 676 495.49	3 534 750.50	负债和所有者权益（或股东权益）总计	3 676 495.49	3 534 750.50

利 润 表

会企02表
单位：元

单位名称：海珠市创新有限公司　　　2017年6月

项　目	本期金额	上期金额
一、营业收入	336 530.00	
减：营业成本	177 543.20	
营业税金及附加	2 021.43	
销售费用	27 847.53	
管理费用	73 006.76	
财务费用	1 684.80	
资产减值损失		
加：公允价值变动收益（损失以"－"填列）		
投资收益（损失以"－"填列）		
其中：对联营企业和合营企业的投资收益		
二、营业利润（亏损以"－"号填列）	54 426.28	
加：营业外收入		
减：营业外支出	795.60	
其中：非流动资产处置损失		
三、利润总额（亏损总额以"－"号填列）	53 630.68	
减：所得税费用	13 407.67	
四、净利润（净亏损以"－"号填列）	40 223.01	